MULHERES NO DIREITO EMPRESARIAL®

UMA AULA PRÁTICA DE RENOMADAS LÍDERES

Edição Poder de uma Mentoria

Volume 1

Copyright© 2024 by Editora Leader
Todos os direitos da primeira edição são reservados à Editora Leader.

CEO e Editora-chefe:	Andréia Roma
Revisão:	Editora Leader
Capa:	Editora Leader
Projeto gráfico e editoração:	Editora Leader
Suporte editorial:	Lais Assis
Livrarias e distribuidores:	Liliana Araújo
Artes e mídias:	Equipe Leader
Diretor financeiro:	Alessandro Roma

Dados Internacionais de Catalogação na Publicação (CIP)

M922
1. ed.
Mulheres no Direito Empresarial: edição poder de uma mentoria, volume 1/coordenadoras: Vânia Schütz, Andréia Roma. – 1.ed. – São Paulo: Editora Leader, 2024. – (Série mulheres/coordenadora Andréia Roma)

256 p.; 15,5 x 23 cm. – (Série mulheres/coordenadora Andréia Roma)

Várias autoras
ISBN: 978-85-5474-198-3

1. Carreira profissional – Desenvolvimento. 2. Direito Empresarial – Brasil. 3. Mulheres no Direito. 4. Mulheres – História de vidas. I. Schütz, Vânia. II. Roma, Andréia. III. Série.

04-2024/15   CDD 340

Índices para catálogo sistemático:
1. Carreira profissional: Histórias de vidas: Mulheres no direito   340

Bibliotecária responsável: Aline Graziele Benitez CRB-1/3129

2024
Editora Leader Ltda.
Rua João Aires, 149
Jardim Bandeirantes – São Paulo – SP
Contatos:
Tel.: (11) 95967-9456
contato@editoraleader.com.br | www.editoraleader.com.br

A Editora Leader, pioneira na busca pela igualdade de gênero, vem traçando suas diretrizes em atendimento à Agenda 2030 – plano de Ação Global proposto pela ONU (Organização das Nações Unidas) –, que é composta por 17 Objetivos de Desenvolvimento Sustentável (ODS) e 169 metas que incentivam a adoção de ações para erradicação da pobreza, proteção ambiental e promoção da vida digna no planeta, garantindo que as pessoas, em todos os lugares, possam desfrutar de paz e prosperidade.

A Série Mulheres, dirigida pela CEO da Editora Leader, Andréia Roma, tem como objetivo transformar histórias reais – de mulheres reais – em autobiografias inspiracionais, cases e aulas práticas. Os relatos das autoras, além de inspiradores, demonstram a possibilidade da participação plena e efetiva das mulheres no mercado. A ação está alinhada com o ODS 5, que trata da igualdade de gênero e empoderamento de todas as mulheres e meninas e sua comunicação fortalece a abertura de oportunidades para a liderança em todos os níveis de tomada de decisão na vida política, econômica e pública.

CONHEÇA O SELO EDITORIAL SÉRIE MULHERES

Somos referência no Brasil em iniciativas Femininas no Mundo Editorial

A Série Mulheres é um projeto registrado em mais de 170 países!
A Série Mulheres apresenta mulheres inspiradoras, que assumiram seu protagonismo para o mundo e reconheceram o poder das suas histórias, cases e metodologias criados ao longo de suas trajetórias. Toda mulher tem uma história!
Toda mulher um dia já foi uma menina. Toda menina já se inspirou em uma mulher. Mãe, professora, babá, dançarina, médica, jornalista, cantora, astronauta, aeromoça, atleta, engenheira. E de sonho em sonho sua trajetória foi sendo construída. Acertos e erros, desafios, dilemas, receios, estratégias, conquistas e celebrações.

O que é o Selo Editorial Série Mulheres?
A Série Mulheres é um Selo criado pela Editora Leader e está registrada em mais de 170 países, com a missão de destacar publicações de mulheres de várias áreas, tanto em livros autorais como coletivos. O projeto nasceu dez anos atrás, no coração da editora Andréia Roma, e já se destaca com vários lançamentos. Em 2015 lançamos o livro "Mulheres Inspiradoras", e a seguir vieram outros, por exemplo: "Mulheres do Marketing", "Mulheres Antes e Depois dos 50",

seguidos por "Mulheres do RH", "Mulheres no Seguro", "Mulheres no Varejo", "Mulheres no Direito", "Mulheres nas Finanças", obras que têm como foco transformar histórias reais em autobiografias inspiracionais, cases e metodologias de mulheres que se diferenciam em sua área de atuação. Além de ter abrangência nacional e internacional, trata-se de um trabalho pioneiro e exclusivo no Brasil e no mundo. Todos os títulos lançados através desta Série são de propriedade intelectual da Editora Leader, ou seja, não há no Brasil nenhum livro com título igual aos que lançamos nesta coleção. Além dos títulos, registramos todo conceito do projeto, protegendo a ideia criada e apresentada no mercado.

A Série tem como idealizadora Andréia Roma, CEO da Editora Leader, que vem criando iniciativas importantes como esta ao longo dos anos, e como coordenadora Tania Moura. No ano de 2020 Tania aceitou o convite não só para coordenar o livro "Mulheres do RH", mas também a Série Mulheres, trazendo com ela sua expertise no mundo corporativo e seu olhar humano para as relações. Tania é especialista em Gente & Gestão, palestrante e conselheira em várias empresas. A Série Mulheres também conta com a especialista em Direito dra. Adriana Nascimento, coordenadora jurídica dos direitos autorais da Série Mulheres, além de apoiadores como Sandra Martinelli – presidente executiva da ABA e embaixadora da Série Mulheres, e também Renato Fiocchi – CEO do Grupo Gestão RH. Contamos ainda com o apoio de Claudia Cohn, Geovana Donella, Dani Verdugo, Cristina Reis, Isabel Azevedo, Elaine Póvoas, Jandaraci Araujo, Louise Freire, Vânia Íris, Milena Danielski, Susana Jabra.

Série Mulheres, um Selo que representará a marca mais importante, que é você, Mulher!

Você, mulher, agora tem um espaço só seu para registrar sua voz e levar isso ao mundo, inspirando e encorajando mais e mais mulheres.

Acesse o QRCode e preencha a Ficha da Editora Leader. Este é o momento para você nos contar um pouco de sua história e área em que gostaria de publicar.

Qual o propósito do Selo Editorial Série Mulheres?
É apresentar autobiografias, metodologias, *cases* e outros temas, de mulheres do mundo corporativo e outros segmentos, com o objetivo de inspirar outras mulheres e homens a buscarem a buscarem o sucesso em suas carreiras ou em suas áreas de atuação, além de mostrar como é possível atingir o equilíbrio entre a vida pessoal e profissional, registrando e marcando sua geração através do seu conhecimento em forma de livro.

A ideia geral é convidar mulheres de diversas áreas a assumirem o protagonismo de suas próprias histórias e levar isso ao mundo, inspirando e encorajando cada vez mais e mais mulheres a irem em busca de seus sonhos, porque todas são capazes de alcançá-los.

Programa Série Mulheres na tv
Um programa de mulher para mulher idealizado pela CEO da Editora Leader, Andréia Roma, que aborda diversos temas com inovação e qualidade, sendo estas as palavras-chave que norteiam os projetos da Editora Leader. Seguindo esse conceito, Andréia, apresentadora do Programa Série Mulheres, entrevista mulheres de várias áreas com foco na transformação e empreendedorismo feminino em diversos segmentos.

A TV Corporativa Gestão RH abraçou a ideia de ter em seus diversos quadros o Programa Série Mulheres. O CEO da Gestão RH, Renato Fiochi, acolheu o projeto com muito carinho.

A TV, que conta atualmente com 153 mil assinantes, é um canal de *streaming* com conteúdos diversos voltados à Gestão de Pessoas, Diversidade, Inclusão, Transformação Digital, Soluções, Universo RH, entre outros temas relacionados às organizações e a todo o mercado.

Além do programa gravado Série Mulheres na TV Corporativa Gestão RH, você ainda pode contar com um programa de *lives* com transmissão ao vivo da Série Mulheres, um espaço reservado todas as quintas-feiras a partir das 17 horas no canal do YouTube da Editora Leader, no qual você pode ver entrevistas ao vivo, com executivas de diversas áreas que participam dos livros da Série Mulheres.

Somos o único Selo Editorial registrado no Brasil e em mais de 170 países que premia mulheres por suas histórias e metodologias com certificado internacional e o troféu Série Mulheres – Por mais Mulheres na Literatura.

Assista ao lançamento do Livro Mulheres no Seguro:

Marque as pessoas ao seu redor com amor, seja exemplo de compaixão.

Da vida nada se leva, mas deixamos uma marca.

Que marca você quer deixar? Pense nisso!

Série Mulheres – Toda mulher tem uma história!

Assista ao lançamento do Livro Mulheres que Transformam:

Próximos Títulos da Série Mulheres

Conheça alguns dos livros que estamos preparando para lançar: • Mulheres no Previdenciário • Mulheres no Direito de Família • Mulheres no Transporte • Mulheres na Aviação • Mulheres na Política • Mulheres na Comunicação e muito mais.

Se você tem um projeto com mulheres, apresente para nós.

Qualquer obra com verossimilhança, reproduzida como no Selo Editorial Série Mulheres®, pode ser considerada plágio e sua retirada do mercado. Escolha para sua ideia uma Editora séria. Evite manchar sua reputação com projetos não registrados semelhantes ao que fazemos. A seriedade e ética nos elevam ao sucesso.

**Alguns dos Títulos do Selo Editorial
Série Mulheres já publicados pela Editora Leader:**

Lembramos que todas as capas são criadas por artistas e designers.

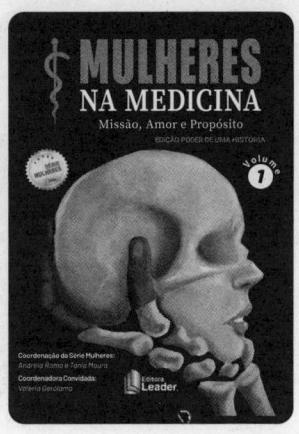

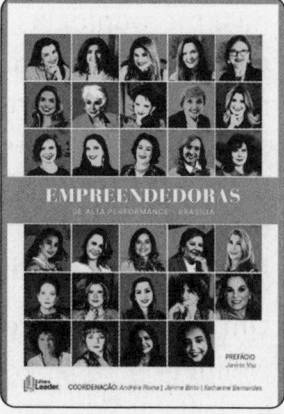

SOBRE A METODOLOGIA DA SÉRIE MULHERES®

A Série Mulheres trabalha com duas metodologias

"A primeira é a Série Mulheres – Poder de uma História: nesta metodologia orientamos mulheres a escreverem uma autobiografia inspiracional, valorizando suas histórias.

A segunda é a Série Mulheres Poder de uma Mentoria: com esta metodologia orientamos mulheres a produzirem uma aula prática sobre sua área e setor, destacando seu nicho e aprendizado.

Imagine se aos 20 anos de idade tivéssemos a oportunidade de ler livros como estes!

Como editora, meu propósito com a Série é apresentar autobiografias, metodologias, cases e outros temas, de mulheres do mundo corporativo e outros segmentos, com o objetivo de inspirar outras mulheres a buscarem ser suas melhores versões e realizarem seus sonhos, em suas áreas de atuação, além de mostrar como é possível atingir o equilíbrio entre a vida pessoal e profissional, registrando e marcando sua geração através do seu conhecimento em forma de livro. Serão imperdíveis os títulos publicados pela Série Mulheres!

Um Selo que representará a marca mais importante que é você, Mulher!"

Andréia Roma – CEO da Editora Leader

CÓDIGO DE ÉTICA
DO SELO EDITORIAL
SÉRIE MULHERES®

Acesse o QRCode e confira

Nota da editora

É com grande orgulho que apresentamos o livro "Mulheres no Direito Empresarial® – Volume 1", uma obra que não apenas marca um momento significativo na jornada da Editora Leader, mas também exemplifica o poder de uma mentoria.

Neste volume, as coautoras convidadas compartilham suas experiências e casos valiosos, oferecendo apoio e orientação tanto para profissionais iniciantes quanto para aqueles que já estão trilhando seus caminhos no campo do Direito Empresarial. Cada capítulo é enriquecido pela sabedoria acumulada ao longo de suas carreiras, fornecendo reflexões e insights preciosos para inspirar e capacitar as próximas gerações de profissionais.

Este livro é uma idealização da Editora Leader, como parte do selo editorial Série Mulheres®. Através de cada volume, buscamos homenagear as mulheres que atuam no campo do Direito Empresarial em todo o Brasil, reconhecendo sua contribuição e destacando seu papel fundamental. Conscientes de que o número de mulheres neste segmento ainda é pequeno, dedicamos este volume com profunda admiração e respeito àquelas que desafiam limites e conquistam espaço neste universo profissional.

Que este livro sirva como uma fonte de inspiração e guia para todos os profissionais que estão trilhando suas jornadas no Direito Empresarial.

Um livro pode mudar tudo!

Andréia Roma
CEO da Editora Leader
Idealizadora e coordenadora do Selo Editorial Série Mulheres®

Agradecimento
por Vânia Schütz

O Direito é permeado de literaturas que têm por foco os profissionais da área, acrescentando-lhes conhecimento acerca da doutrina e entendimento dos Tribunais nos mais variados temas.

Mulheres no Direito Empresarial® surge como uma literatura diferenciada e inovadora no segmento jurídico, visando somar cultura e conhecimento aos leitores, quer sejam eles profissionais do Direito ou leigos em assuntos jurídicos.

Como uma dentre milhares de operadoras do Direito, oferto minha gratidão à Editora Leader, na pessoa de sua CEO, Andréia Roma, pela iniciativa inovadora de tratar do tema do Direito Empresarial, até então restrito a manuais, reunindo mulheres que podem contribuir com a publicação de suas ideias e de sua vivência prática.

Agradeço imensamente à Andréia Roma, idealizadora do Selo Editorial Série Mulheres®, por ter me escolhido, dentre tantas profissionais, para a missão de coordenar a obra.

Agradeço ao Professor Alexandre Gialluca por ter aceitado o meu convite para prefaciar este livro.

E por fim, e não menos importante, agradeço às coautoras que comigo abraçaram a causa de divulgar o nosso árduo mas gratificante trabalho no Direito Empresarial.

Vânia Schütz
Coordenadora convidada do livro

Prefácio
por Alexandre Gialluca

Extremamente honrado com o convite que nos foi formulado pela Dra. Vânia Schütz e pela Editora Leader, para prefaciarmos sua obra "Mulheres no Direito Empresarial®", de imediato aceitamos, por se tratar de um convite irrecusável.

Brinda-nos a editora e a coordenadora com uma obra de Direito Empresarial escrita e pensada por grandes mulheres do cenário jurídico nacional.

Urge salientar que o Direito Empresarial cresce, evolui e se enriquece com a participação efetiva de mulheres juristas, cujas contribuições provocam transformações de entendimentos, oxigenam novas alternativas jurídicas e agregam em diversidade.

A coordenadora, com muita excelência e mestria, apresenta neste livro "Mulheres no Direito Empresarial®" uma proposta moderna e inovadora de tratar o Direito Empresarial em sentido amplo, isto é, considerando diversos assuntos que circundam as empresas e o universo corporativo no cotidiano, e não somente na sua vertente do Direito Comercial. E a proposta fica ainda mais completa e atrativa, quando a obra oferece toda essa análise sob o olhar feminino.

O universo feminino traz em sua essência uma sensibilidade aguçada, o talento de gerir pessoas e a grande capacidade multifuncional, razão pelo qual é o mais indicado para cuidar de forma pormenorizada e detalhada dos problemas e enfrentamentos empresariais, apresentando orientações de prevenção e soluções de conflitos de direito empresarial, com o necessário carinho e atenção à sustentabilidade e à ética.

Uma leitura perfunctória da obra demonstra que o livro é uma poderosa ferramenta para provocar transformações no Direito Empresarial, no mercado de trabalho corporativo, oxigenando ideias e agregando em diversidade.

Recheado de clareza e metodologia, os temas foram tratados com profunda pesquisa e estudo, evidenciando ser resultado de produção de autoras com vidas acadêmicas e profissionais brilhantes.

Assim, o livro supre uma deficiência doutrinária, que muito auxiliará os operadores do Direito Empresarial.

Esta obra é um grande presente à comunidade jurídica, pela excelência de conteúdo e principalmente pelo propósito cristalino de mostrar o papel fundamental das mulheres no Direito Empresarial, encorajando, estimulando, inspirando e despertando em outras mulheres o desejo de proporcionar novos avanços ao Direito Empresarial, através de suas experiências e sucesso profissional.

Fácil aquilatar a envergadura que a presente obra alcançará no cenário jurídico nacional, com valiosas lições, que certamente impactarão vidas e corporações, sendo um legado editorial.

Só nos resta parabenizar a coordenadora, a editora e todas as autoras pela qualidade e comprometimento inestimáveis, e apresentar os mais sinceros e efusivos votos de sucesso de vendas, com inúmeras edições e muitos frutos.

Alexandre Gialluca
Sócio-fundador da Gialluca e Martins Advogados, CEO e sócio-fundador do G7 Jurídico. Professor de Direito Empresarial e Conselheiro Estadual OAB/SP (2019-2021).

Sumário

Acolhimento, Competência e Ética..26
Vânia Schütz

Indefinido..40
Ana Paula D´Emilio

LGPD: sua empresa está preparada?....................................52
Carla Conejo

A importância da participação das mulheres nas mesas de negociações sindicais como meio de garantir soluções mais equilibradas e justas 68
Denize Tonelotto

À Frente do Jurídico: Estratégias e Inovações na Gestão de Departamentos Jurídicos Empresariais..80
Gabriela Paciello de Oliveira Bock

**Processo de Recuperação Judicial sob a
ótica do credor** 92
    Kelly Bernadete Pinheiro

Assembleia de Condomínio 102
    Lidiane Genske

Negociação sindical – negociando por empresas 114
    Maria Lucia Benhame

**Empresa familiar: como preparar os herdeiros
para a sua manutenção** 124
    Marilu Oliveira Ramos

**A importância da prevenção e da gestão do
passivo trabalhista – dicas práticas** 134
    Priscilla Folgosi Castanha

**Jurisdição financeira – desafios e estratégias
na concessão de crédito: Uma abordagem
abrangente no cenário financeiro brasileiro** 144
    Rebeca Schiavo

**Mercado Financeiro, Futebol – uma gama
de Oportunidades** 156
    Renata Maria Santos

**A mitigação dos riscos de violação aos deveres
fiduciários dos administradores de sociedades
empresárias através dos instrumentos de
governança corporativa** 166
    Roberta Volpato Hanoff

Superação do etarismo como meta do planejamento estratégico empresarial............................176
    Rosangela de Paula Neves

Parceria e Persuasão para gerar Resultados......................188
    Soraya Nousiainen

A responsabilidade do sócio sob a perspectiva da Justiça do Trabalho..198
    Tathyana Borazo Rubira

Boas Práticas na Gestão de Contratos de Concessão e de Parceria Público-Privada (PPP)................212
    Thais Gutparakis de Miranda

A mutável vida do profissional de Direito Regulatório no setor de telecomunicações......................224
    Vânia Íris

A Importância do Advogado Interno nas Empresas...236
    Viviane Salles R. Cabral

O poder de uma MENTORIA..244
    Andréia Roma

Vânia Schütz

INSTAGRAM

Advogada atuante há 24 anos no Direito Empresarial. Bacharel em Direito, mestre em Filosofia, pós-graduada em Direito Empresarial e em Direito Digital. Titular do Escritório Vânia Schütz Advocacia. Pesquisadora do tema da Hermenêutica a partir do filósofo Paul Ricoeur, com foco na interpretação no Processo Judicial. Coautora dos livros "Mulheres no Direito, volume 1, Edição Poder de uma História" e "Mulheres no Direito, volume 1, Edição Poder de uma Mentoria". Premiada nos anos de 2022 e 2023 pela Agência Nacional de Cultura, Empreendedorismo e Comunicação (Ancec). Sua história de superação foi objeto de matéria no Programa de TV Viver e Empreender (https://vivereempreendertv.com/). Integrante da Comissão Permanente das Mulheres Advogadas da OAB São Paulo.

Introdução

Convidada para coordenar o livro "Mulheres no Direito Empresarial", fiquei pensativa em como poderia contribuir para que a publicação fosse não somente uma vitrine de mentes femininas brilhantes do Direito, mas que também servisse para a sociedade em geral, contribuindo à compreensão desse ramo do Direito tão impactante para a sociedade e em que poucas mulheres atuam.

Antes de adentrarmos na questão de Direito Empresarial, cumpre destacar a importância de termos obras literárias focadas em mulheres atuantes no mercado de trabalho. Nesse sentido, a Editora Leader, através do Selo Mulheres, é uma Editora pioneira em destacar o trabalho das mulheres brasileiras em seus diversos ramos de atividades, sendo uma atitude exemplar do espírito de sororidade que deve permear a convivência das mulheres na sociedade.

No censo IBGE ocorrido em 2022 se detectou que as mulheres em nosso país são em número maior que os homens: somos 104,5 milhões de mulheres e os homens somam 98,5 milhões[1]. Não trago este dado para suscitar uma "guerra dos sexos", porque não acredito que o valor da mulher na sociedade dependa da anulação ou desvalorização do homem. Os gêneros

---

[1] Consultado em https://censo2022.ibge.gov.br em 20/01/2024.

se completam e, antes de sermos deste ou daquele gênero, somos pessoas. No entanto, não se pode fechar os olhos para a história e tampouco se pode esquecer que hoje a mulher pode estar aonde ela quiser, mas que para que isto ocorresse houve uma luta por um reconhecimento de igualdade entre os gêneros.

As mulheres, profissionais do Direito, são inúmeras: temos juízas, promotoras, delegadas, dentre outras. Sabendo-se que, nos primórdios, este segmento social era ocupado quase que exclusivamente por homens, hoje tem grande número de mulheres.

No censo realizado em 2023 pela Ordem dos Advogados do Brasil, foi detectada a existência de 1,37 milhão de advogados em todo o território nacional, dos quais, 51,43% são mulheres[2]. Esses números demonstram a importância da atuação das mulheres na advocacia. Não à toa, já existem vozes repercutindo o pleito de que a Ordem dos Advogados do Brasil (OAB) passe a se chamar "Ordem da Advocacia Brasileira" o que não alteraria a sigla, mas abarcaria os gêneros feminino e masculino, sem qualquer distinção.

Com tantas mulheres no Direito e na advocacia brasileira, considero serem poucas as atuantes no Direito Empresarial. Neste pequeno círculo, tive o prazer de convidar várias coautoras dos mais diversos sub-ramos do Direito Empresarial, visando deixar a publicação com a cara do Direito Empresarial, isto é, com a amplitude que o reflita, desmistificando a sua propalada dificuldade.

O Que é o Direito Empresarial

É um ramo do Direito que cuida das nuances do exercício da atividade da empresa. A legislação pátria não define o conceito de empresa, mas ele pode ser depreendido a partir da definição

---

[2] Consultado em www.oab.org.br em 20/01/2024

de empresário contida expressamente no artigo 966 do Código Civil: "Considera-se empresário quem exerce profissionalmente atividade econômica organizada para a produção ou a circulação de bens ou de serviços".

Nem sempre o Direito Empresarial foi assim chamado. Essa nomenclatura surgiu a partir do Código Civil de 2002, que revogou o Código Civil de 1916 e a primeira parte do Código Comercial de 1850[3], que tratava do Comércio em Geral. Então, antes de 2002 se falava em "Direito Comercial" e não em "Direito Empresarial".

O Direito Comercial teve origem na Idade Média, época em que não havia um Estado centralizado e as regras existiam dentro dos feudos. Paralelamente ao sistema feudal e com o processo de urbanização europeia e criação dos burgos (modelos de pequenas cidades), surgem atividades produtivas e comerciais, inclusive de artesãos. Com o fortalecimento das cidades, impõe-se a necessidade de uma regulamentação do comércio, com leis específicas, pois o tradicional Direito Civil não abarcava a atividade comercial.

Os comerciantes, então, começaram a se organizar nas chamadas Corporações de Ofício, que reuniam pessoas com profissões e interesses em comum. Inicialmente as regras estabelecidas foram aquelas que refletiam os costumes. Os comerciantes e/ou artesãos deveriam pertencer a uma corporação para fins de troca de conhecimento entre si, e para tanto se organizavam em Mestres, Oficiais e Aprendizes. Nesse período, a definição de um ato como sendo comercial dependia de ter sido realizado por comerciante, ou seja, integrante de uma corporação.

Já na Idade Moderna, quando o Poder se centraliza nas

---

[3] O Código Comercial de 1850 foi revogado apenas parcialmente, estando ainda vigente a segunda parte que trata de Direito Marítimo

mãos do Monarca, o Estado passa a se preocupar com a regulamentação da atividade comercial e a definição de ato de comércio depende do ato realizado e não de quem o realizou. O marco legislativo da época é o Código Comercial Francês de 1807. Por essa lei, é considerado comerciante o indivíduo que pratica atos que a lei define como ato comercial[4].

Com o advento do Código Italiano de 1942, são unificados na mesma norma os direitos civil e comercial, tirando o foco do ato comercial e colocando-o na atividade realizada pelo comerciante ou empresário. Essa diferenciação é importante porque é a partir deste momento que as leis que regulam a vida social do indivíduo também são aplicadas nas relações entre empresários.

No Brasil, essa união do Direito Civil com o Direito Comercial só foi oficialmente adotada no Código Civil de 2002. Antes, isto é, o Código Comercial de 1850, tinha por fonte o Código Francês de 1807 e, portanto, considerava comerciante aquele que praticava atos comerciais.

Então, a partir das mudanças trazidas pelo Código Civil de 2002, quando foi abraçado o sistema italiano e a respectiva teoria da empresa, o Direito Comercial passou a ser chamado de Direito Empresarial.

Mas o leitor pode estar se perguntando: "Por que toda essa parte histórica é importante para entender o Direito Empresarial?" Porque esta parte histórica explica e justifica a amplitude do Direito Empresarial hodierno. À medida que se reconhece, no decorrer do tempo, a mudança de foco e a necessidade de legislação que regule a vida civil também aplicada nas relações comerciais/empresariais fica evidente que o Direito Empresarial perpassa a empresa e o estabelecimento, assim considerado o conjunto de bens em que a empresa é exercida, alcançando o indivíduo, a pessoa, o ser humano.

---

[4] VIDO, Elisabete. Curso de Direito Empresarial, 5. ed., atual. e ampl. da obra Manual de direito empresarial, São Paulo, Editora Revista dos Tribunais, 2017

Ainda que a doutrina e a jurisprudência sejam unânimes no sentido de ser a pessoa jurídica (isto é, uma empresa, uma sociedade, uma organização, etc.) um ente dotado de vontade própria e distinto de seus membros, toda pessoa jurídica é formada por indivíduos.

Então, esta é a interseção entre o Direito Empresarial e todos os demais ramos do Direito: todos tratam de indivíduos, seus direitos e deveres, bem como de suas relações com outros indivíduos, de modo a organizar a sociedade e a vivência em comum.

É importante destacar que o Direito Empresarial presente nos manuais e na disciplina com o mesmo nome nos cursos de graduação em Direito está restrito a temas relativos a tipos de sociedades, sua constituição e dissolução, títulos de crédito, propriedade industrial, contratos mercantis, falência e recuperação de empresas, crimes falimentares de sociedades, e assim por diante. O Direito Empresarial, como já mencionado, fica entendido como sinônimo de Direito Comercial. Nesse sentido, em diversos Tribunais do país já foram instaladas as chamadas Varas Empresariais que são as competentes para processar e julgar os conflitos empresariais, assim considerados os que discutem parte dos temas acima elencados que se referem ao Direito Comercial.

Este não é o nosso entendimento, pois, em nosso sentir, o Direito Comercial é apenas um ramo do Direito Empresarial. Isto porque, o funcionamento das empresas depende da conjugação de deveres e direitos previstos nas mais diversas legislações sobre temas variados, e não somente naqueles artigos de lei do Código Civil que tratam do Direito Comercial, em leis esparsas do Direito Comercial ou mesmo da segunda parte do Código Comercial de 1850 não revogada. Assim, o Direito Empresarial ultrapassa a teoria da empresa e para a sua existência percorre variados caminhos da legalidade.

Sendo assim, o Direito Empresarial que propomos apresentar no "Mulheres no Direito Empresarial", seja neste capítulo preambular, seja no compêndio que se segue com diversas coautoras compartilhando sua experiência na área, é a prática do Direito Empresarial em sentido amplo, isto é, considerando diversos assuntos que circundam as empresas no cotidiano e não somente a sua vertente do Direito Comercial.

Subdivisões do Direito Empresarial e o Olhar Feminino

Embora reconheça a pequena presença de mulheres atuando no Direito Empresarial, poderia afirmar sem medo que o Direito Empresarial é um ramo do Direito que deveria ser dominado pelas mulheres, já que a mulher é multifacetada, além de ter inspiração para a vida e também para os negócios.

O Direito Empresarial é amplo e, mesmo considerado como uma especialização, possui subdivisões e subespecialidades. Assim é que o Direito Empresarial, além de tratar do Direito Comercial, também abarca o Direito do Trabalho, o Direito Tributário, o Direito Penal, o Direito Contratual, o Direito das Famílias e Sucessões, o Direito Internacional, o Direito Marítimo, o Direito do Consumidor, o Direito Digital, e o Direito Ambiental. Como se observa, toda vertente do Direito tem conexão com o Direito Empresarial.

Embora o Direito Empresarial seja taxado por muitos como complexo, entendo que a complexidade não advém da dificuldade de apreensão do intelecto sobre os temas abordados, mas das numerosas relações de interdependência aos demais ramos do Direito. Assim, a profissional do Direito Empresarial há que ser conhecedora dos mais diversos ramos do Direito, ainda que opte por não atuar em todos os sub-ramos do Direito Empresarial, se aprofundando naquele que melhor lhe apraz de modo a atender os seus anseios, e os de sua clientela.

Os temas que envolvem o Direito Empresarial são de extrema importância, uma vez que podem impactar a vida das pessoas e, por conseguinte a sociedade. Traremos a seguir três exemplos de assuntos do Direito Empresarial impactantes para a sociedade, a fim de melhor ilustrar essa importância:

O primeiro exemplo é o Direito Empresarial do Trabalho, que trata das relações entre empregadores e empregados e engloba tanto o direito individual do trabalho como também o direito coletivo do trabalho, isto é, tem como fonte de consulta e prática tanto a compilação de Leis Trabalhistas previstas na CLT, Consolidação das Leis do Trabalho – Decreto Lei n.º 5.452 de 01/05/1943, sancionado à época pelo então Presidente Getúlio Vargas e parcialmente reformada pela Lei n.º 13.467/2017, como também as regras criadas pelos acordos entre os sindicatos de empregados e empregadores de uma mesma categoria. Todo cidadão vive de seu trabalho e, embora haja outros tipos de trabalhadores (*autônomos, microempreendedores individuais*, etc.), os empregados e empregadores impactam na pesquisa de dados demográficos do país.

Um outro Direito que é muito presente em nossa sociedade, principalmente nas grandes cidades em que pessoas se aglomeram para residir em centros ou bairros, ou vários comerciantes se unem num mesmo centro de compras (shopping centers), é o Direito Condominial. Nesse sentido vale salientar que condomínio residencial não é empresa: não possui atividade econômica, e não possui fins lucrativos. É um ente diferenciado e equiparado a empresa somente no que tange à obrigatoriedade de inscrição no CNPJ. Muitos classificam o Direito Condominial como uma subdivisão do Direito Imobiliário. Porém, na prática, quer contenha o condomínio residências ou estabelecimentos comerciais, a profissional de condomínios tem em seu mister transitar por várias atividades do Direito Empresarial. Condomínios geralmente têm empregados: Direito Trabalhista; o condomínio contrata empresas para serviços ou bens de consumo: Direito Contratual; o condomínio tem um síndico/

administrador que deve prestar contas de sua gestão: Direito Civil e Processual Civil. A vida em condomínio residencial ou empresarial tem reflexos no cotidiano e afeta sobremaneira a vida dos indivíduos e o bem-estar comum.

Mais recentemente, com a tecnologia implementada de forma ampla em nosso viver, nos deparamos com a necessidade de regulamentação da proteção de dados individuais e empresariais. No Brasil, a Lei Geral de Proteção de Dados é recente (Lei n.º 13.709/2018) e surgiu da necessidade de regulamentar os direitos, deveres e princípios que envolvem o uso de dados pessoais. A LGPD impacta diretamente a sociedade uma vez que indica como as empresas brasileiras devem agir em relação à coleta, tratamento e compartilhamento de dados pessoais e sensíveis. Nesse sentido o Direito Empresarial se interliga ao Direito Digital, que é um ramo novo do Direito e que trata das questões relacionadas ao uso da tecnologia da informação e da internet.

Mencionei, anteriormente, que o Direito Comercial data da Idade Média e, desde então, é essencial para a regulamentação da vida em sociedade. Desde a promulgação do Código Civil de 2002 o foco do Direito Empresarial não mais são os Atos Comerciais, mas a atividade realizada pelo empresário.

O empresário é aquele/a que exerce uma atividade econômica com profissionalismo e organização. Não se pode olvidar, no entanto, que antes de sua condição de empresário vem a sua condição humana. Assim, o/a empresário/a é uma pessoa, com suas singularidades e carências humanas, dentre elas, atenção, cuidado, respeito e acolhimento.

Por isso o olhar da mulher para o Direito Empresarial pode constituir um grande diferencial: a mulher reúne todas as condições para atender e acolher pessoas. Ela pode ter maior capacidade de compreensão do/da empresário/a, os quais, muitas vezes, além de empresários/as (aqui considerados aqueles que perpetuam os negócios ou as empresas), são verdadeiros empreendedores, isto é, aqueles/as que ampliam os negócios com ideias e gestão inovadoras com vistas a um futuro promissor. Ora, no quesito empreendedorismo, pode-se dizer ser a mulher empreendedora nata, na medida em que deixa formar em seu útero um novo ser, olhando para o futuro e envidando esforços para tornar sua prole cidadãos e cidadãs de bem.

Então, parece claro que as mulheres trazem para o âmbito jurídico empresarial a sensibilidade feminina a elas inerente. Mulheres têm intrínseco o cuidado com pessoas, assim como com práticas ambientais. Mulheres têm um olhar mais atento a questões relativas a assédio e violências. Mulheres tendem a ser mais empáticas. Logo, as habilidades femininas podem ser excelentes ferramentas de auxílio à gestão e produtividade das empresas e de seus empresários, tornando o ambiente ainda mais democrático, juridicamente bem respaldado, criativo e produtivo.

Como advogada que sou, posso afirmar que atuar no Direito Empresarial não é somente enfrentar o litígio quando ele ocorre, mas tentar evitá-lo, mediante aconselhamento e orientações preventivas ao cliente para que não passe por dificuldades relativas a eventuais descumprimentos de lei. Entretanto, se judicializado o litígio, há que ter condições de representá-lo de modo eficaz perante o Poder Judiciário.

A profissional do Direito Empresarial defende não apenas o/a cliente que a constituiu para tanto, mas há de ser um baluarte erguendo a bandeira dos princípios e valores que sustentam a sociedade, principalmente a moral e a ética.

O Direito Empresarial e a Ética

A minha atuação no Direito Empresarial data do período de estágio, quando trabalhei num escritório e, dentre outras coisas, aprendi a preparar defesas inerentes a Reclamações Trabalhistas.

No decorrer da carreira outros casos empresariais surgiram, tais como sucessão e dissolução empresarial, questões relativas ao meio ambiente, os mais diversos contratos empresariais e tantas outras questões envolvendo as empresas e seus sócios.

O trabalho com o Direito Empresarial tem seus próprios desafios. Uma característica interessante neste ramo do Direito é que a profissional pode atender pequenas empresas como grandes empresas nacionais ou multinacionais. Seja a profissional advogada, juíza ou delegada, ao lidar com grandes empresas, se vê frente a frente com o poder. Como é sabido, o poder, se não for bem administrado, pode servir de porta de entrada para práticas não ortodoxas, corrupção, enfim, comportamentos e ações que ferem a ética.

Nos dicionários e livros de filosofia encontramos as mais diversas formas indicativas de que ética diz respeito aos princípios que orientam as ações dos indivíduos. Há quem simplifique o significado de ética dizendo corresponder ao comportamento de cada um no dia a dia. No entanto, a ética não é um comportamento em si, mas uma forma de manifestação do comportamento humano. Diz-se agir com ética aquele que é íntegro, honesto e fiel às regras de vivência.

Em tempos nos quais os conceitos de bem e mal e certo e errado têm sido relativizados na sociedade, a ética, além de um diferencial ao Direito Empresarial, é, sem dúvida, um desafio. Afinal, como disse Aristóteles, "a bondade é uma só, mas a maldade é múltipla".

O adágio popular reza: "o mundo é dos espertos". De acordo com esta máxima tão propagada, só alcança a vitória quem age de forma a tirar vantagem em tudo, sem pensar nas consequências pessoais e nas pessoas que o cercam. Esta conduta da esperteza, embora na maioria das vezes possa ser contrária à ética, ainda é bastante praticada na sociedade.

Visando coibir condutas prejudiciais ao próximo e aos

negócios, muitas empresas criam o seu próprio código de ética, assumindo para todos o conjunto de valores adotado para governar a empresa, os seus empregados e demais partícipes do empreendimento. É assim também nas profissões liberais: os médicos, os advogados, os psicólogos têm codificados quais os comportamentos vetados no exercício da profissão.

Com tanta propagação e providências acerca do tema "ética", surge o questionamento do porquê o mundo ainda ser permeado de comportamentos em desacordo com a ética.

O problema ético não é recente. Immanuel Kant, filósofo alemão do século XVIII, estudou a ética apresentando um modelo baseado no uso da razão, ou seja, a capacidade intrínseca de cada um julgar a si mesmo. Para Kant, todo ser humano tem capacidade de saber como se deve agir e praticar ações éticas independentemente do que pode receber em troca. Kant elaborou fórmulas para o modo de agir, as quais nominou "imperativo categórico". Formulou três imperativos que se completam entre si e dizem em síntese que os seres humanos devem agir de modo que sua ação possa ser transformada em lei universal.

As mulheres no Direito Empresarial, dentre tantos outros desafios a cumprir, devem ter em mente a questão ética como o primeiro e principal dos desafios. Como disse Kant, todos têm capacidade de medir suas ações e distinguir como deve ser o seu agir. Então, há que se racionalizar a conduta profissional de tal modo que a postura ética seja não só um diferencial competitivo no mercado de trabalho, mas um estandarte do qual não se pode de forma alguma abrir mão.

De minha parte, alimento a utopia de um dia viver em uma sociedade na qual os "espertos" não serão mais glamurizados. Antes se possa propagar em alta voz que "o mundo é daqueles que têm ética" sem que alguém se sinta ofendido com tal posicionamento. Quem sabe não possamos começar nosso mundo ético pelo Direito Empresarial?

Conclusão

Neste livro, objetivando inspirar os leitores e as leitoras, operadores do Direito ou não, com uma mentoria sobre a vivência prática no Direito Empresarial, cada coautora nos brindou trazendo um pouco de sua experiência nos mais diversos sub-ramos do Direito Empresarial.

A sabedoria prática é pouco explorada no Direito. Também nesse sentido a Editora Leader surge com pioneirismo, permitindo que mulheres atuantes no Direito Empresarial, através de um capítulo, compartilhem seu conhecimento, descrevendo não só o que fizeram dentro do Direito Empresarial, mas também como atuaram em cada questão.

Meu desejo é que a vida de todos os leitores e leitoras seja permeada pela ética e que as mulheres no Direito Empresarial sirvam de inspiração e incentivo a uma vida em que a conduta de cada um/uma possa ser transformada em lei universal.

Boa leitura!

Indefinido

Ana Paula D´Emilio

LINKEDIN

Advogada Sênior – Head de departamento e equipe em renomado escritório de advocacia localizado na região de Alphaville, SP, especializada em Direito Processual Civil, Direito Civil, Contratual e Empresarial. Antes de se juntar à equipe deste escritório, adquiriu valiosa experiência como diretora jurídica da iDtrust, gerente jurídico no Intrabank e na Captalys. Além de sua atuação corporativa, é a idealizadora e diretora presidente do Grupo Mulheres no Crédito e contribui ativamente para diversas comissões jurídicas e fóruns de debate.

Com expertise em gestão de contencioso, elaboração e revisão de contratos, mediação e conciliação, ela traz uma abordagem holística e preventiva à prática do Direito. É também uma líder eficaz, com comprovada habilidade em coordenar equipes e projetos jurídicos de alta complexidade. Recentemente, se especializou em Fashion Law, passando a atuar no consultivo desta área ainda muito pouco explorada no Brasil, tendo sido indicada para receber o prêmio, em abril de 2024, de melhor advogada na área do Direito da Moda de 2023.

Seu compromisso com a excelência jurídica é complementado por sua dedicação ao ensino e ao voluntariado, atuando como professora assistente em instituições renomadas e participando de diversas iniciativas sociais.

Introdução

O Direito Empresarial é uma disciplina indispensável para regular a atividade de empresas e organizações, propiciando nestas a presença de ambiente jurídico e de conformidade favorável ao seu crescimento e desenvolvimento econômico. E, como o objetivo da empresa é crescer, faz-se necessária sua constante adaptação às normais jurídicas vigentes a fim de acompanhar as muitas transformações que ocorrem no cenário jurídico-empresarial globalizado, o qual impõe inovação tecnológica e constante adaptação às dinâmicas mudanças do mercado e a consequente revisão crítica das estruturas jurídico-empresarias existentes.

Neste contexto, com o presente artigo, a ideia é inspirar e incentivar profissionais do Direito que queiram aprofundar seus estudos no ramo do Direito Empresarial, a fim não apenas de identificar os desafios enfrentados pelas sociedades nos dias atuais, mas de abrir a mente para se tornar hábil a perceber antecipadamente as ameaças internas de sua empresa, podendo, assim, ter *insights* sobre eventuais e possíveis adaptações legais necessárias, oferecendo soluções efetivas e eficazes para as demandas da contemporaneidade.

Abordaremos um *case* vivido numa empresa do ramo da tecnologia no mercado do crédito, a Just, que teve um crescimento muito rápido sem estar preparada para tanto. Mostraremos estratégias que foram adotadas para enfrentar o desafio da empresa, evidenciando a importância do departamento jurídico interno, de planos de crescimento sustentáveis, de gestão estratégica de recursos humanos e implementação de sistemas jurídicos sólidos que permitiram à diretoria da empresa lidar com a complexidade legal que o rápido crescimento possa trazer.

O cenário: contratação para assumir o Departamento Jurídico da Just

Mesmo com vasta experiência em departamentos jurídicos internos de empresas, eu já estava há muitos anos exercendo meu ofício em escritórios de advocacia, acostumada com a rotina e atribuições de uma "advogada de escritório". Contudo, ao receber o convite para assumir a liderança do Departamento Jurídico da Just, eu aceitei! Adoro desafios.

Estávamos em 2021, vivendo a Pandemia do COVID-19 e a proposta era assumir a diretoria jurídica da empresa, substituindo a então diretora, em modalidade *home office*. Cenário desafiador e, ao mesmo tempo, extremamente convidativo, afinal, como esposa e mãe de três filhos, a possibilidade de trabalhar com o que me faz feliz, sem ter que enfrentar trânsito e, ainda, poder estar mais perto de meus filhos, era, simplesmente, maravilhosa!

Na entrevista final do processo seletivo, com o CEO e o COO da Just, eles afirmaram que sabiam da importância dessa Diretoria Jurídica, mormente por conta da necessidade de atualização e adequação da documentação jurídica já existente à LGPD – Lei Geral de Proteção de Dados.

Pouco tempo depois de finalizada a entrevista final, recebi a notícia de que havia sido aprovada para assumir o cargo e, na sequência, organizamos todos os trâmites para formalizar minha contratação, incluindo nesse processo uma reunião com a atual diretora, objetivando a "passada oficial do bastão" e a contratação da minha assistente "Kiki".

Nos primeiros dias de trabalho, por mais experiente que você seja, é normal se sentir "perdida", afinal, todo aquele universo é totalmente novo para você. Pessoas, processos, documentos, horários, amizades... Até o cafezinho é diferente! Foram muitas reuniões de *on boarding* com tanta gente, junto com reuniões e entrega de documentos... e eu sozinha, sem assistente, tendo que equilibrar os pratinhos para dar conta de tudo. E dei! Todavia, no final da primeira semana, eu pensei: "Fui contratada para gerenciar um departamento e esse departamento não existe"! Alerta!

Em reuniões que agendei com a liderança da empresa, constatei que não havia interação entre o Jurídico e os outros departamentos da Just, não havia processos, procedimentos, nada. O departamento pessoal, que trata de contratações, demissões e temas relacionados ao Direito Laboral, não ajustava tais questões com o Jurídico; o setor de cobrança não alinhava prazos e condições de renegociação com clientes em atraso; não havia um procedimento de cobrança extrajudicial, tampouco critério de encaminhamento ao departamento jurídico externo para ajuizamento da respectiva ação de cobrança. Ou seja, a "coisa corria solta", sob o aspecto jurídico... E era imprescindível criar regras e procedimentos para começar a colocar ordem na casa.

Além de regras e procedimentos, era extremamente necessário revisitar os instrumentos contratuais e documentos jurídicos relacionados ao negócio da companhia, e, mais importante ainda, era adaptá-los à LGPD.

Pois bem, diante de todos estes pontos de atenção, conversei com o CEO da Just, e propus reestruturação do Departamento Jurídico. Na verdade, seria a *estruturação*! Nesta oportunidade, então, ele me contou um fato novo: a Just havia sido vendida para uma empresa renomada no Mercado de Crédito, a Stalys, e o combinado é que ele ficaria à frente da Just até dezembro daquele ano. Minha contratação fazia parte do plano de incorporação da Just à Stalys e a estruturação do setor jurídico era uma consequência imediata disso.

Em uma semana, apresentei minha proposta à diretoria, a qual foi aprovada e, assim, já com a presença de Kiki, colocamos a mão na massa.

Desafio: estruturar o Departamento Jurídico de uma empresa em andamento

Era necessário conhecer profundamente os departamentos da empresa. Assim, agendei reuniões com todos. Conversei até com a moça que gerenciava o departamento de limpeza! E todos foram unânimes em dizer que essa relação próxima do Diretor Jurídico com os departamentos era essencial.

Nesse trajeto, eu encontrei muito apoio de outros colaboradores, os quais foram essenciais para me ajudar a entender todo o mecanismo da empresa, as oportunidades, ameaças e a necessidade de adequação da documentação jurídica à realidade da Just.

Nesse cenário, era essencial, ainda, trabalhar diretamente com o Departamento de Compliance. Mas... não havia um Departamento de Compliance na Just. Nova conversa com a diretoria.

Diante de minha preocupação, a diretoria me apresentou ao Sávio, gerente do Departamento de TI, o qual tinha grande conhecimento em Compliance e era, como pude notar, a única pessoa na Just que entendia um pouco de conformidade, talvez quase tanto quanto eu. E, juntos, ficamos incumbidos de criar e gerenciar o Departamento de Compliance da empresa.

Compliance é muito mais do que documentos bem escritos e adequados à LGPD. "Estar Compliance" significa dizer que uma empresa deve conhecer e seguir todas as leis e regulamentos relevantes, os quais, de alguma forma, afetam a empresa e suas negociações e operações. Envolve, ainda, a adoção de práticas éticas, a manutenção de padrões de conduta e realizações de operações de maneira transparente e responsável. Mais. Implica envolver e incluir todas as áreas e departamentos da empresa, como proteção de dados, segurança no trabalho, práticas contábeis e jurídicas, combate à lavagem de dinheiro e trabalho escravo, dentre outros pontos. Ser e manter a conformidade é imprescindível para a reputação e sustentabilidade de uma organização a médio e longo prazos. E não é só: a companhia precisa estabelecer programas de conformidade com o objetivo de garantir que seus colaboradores compreendam e sigam as leis e regulamentos para mitigar e evitar potenciais consequências legais e financeiras advindas do descumprimento da legislação.

Sávio e eu chegamos à conclusão de que era necessário contratar uma empresa de consultoria e implementação de regras e procedimentos adequados para, dessa forma, estarmos Compliance. Assim, contratamos a empresa que melhor se adaptava às nossas necessidades e, então, nos próximos meses, passamos a tocar nossas atribuições diárias, a criação e gerenciamento do novo Departamento de Compliance e a mentoria com a empresa contratada. Foram inúmeros treinamentos, *workshops*, reanálise de documentos, além de muito café e noites mal dormidas por conta da preocupação em organizar tudo, em ficar Compliance. A responsabilidade era enorme e o caminho até o resultado, tortuoso e cansativo.

Também foi necessário contratar um *software* para mitigar riscos, garantir a conformidade e gerir contratos. E, assim, fizemos. Aqui, adentramos o campo da Governança Corporativa que, não preciso dizer, igualmente precisou ser implementada.

Novo desafio à vista: as diretorias da Just e da Stalys decidiram antecipar a transição da direção da Just, fazendo-se necessário me apresentar à nova CEO e ao diretor jurídico da Stalys, para alinhamento dos novos rumos das empresas. Com isso, logo pensei que, com esse alinhamento, não haveria mais espaço para mim lá. Segui preparada para isso, mas com o mesmo empenho e determinação iniciais, que fazem parte do profissionalismo.

Agendamos, então, a reunião *on-line* com a Clarissa, nova CEO da Just, e Dr. Torquato, o diretor jurídico do Grupo Stalys. Resultado? Quando Dr. Torquato me perguntou sobre o estado do Departamento Jurídico da Just, respondi: "Sinceramente? Uma zona! Entretanto, eu elaborei um plano de estruturação do departamento e entreguei ao CEO". Torquato, então, pediu para enviar esse plano para ele, o que fiz logo após o término da reunião. E, a partir daquele dia, passei a incluir os novos membros da diretoria nas decisões e informações jurídicas da Just.

Em agosto, iniciamos a integração dos departamentos jurídicos da Just e da Stalys e passamos a frequentar o novo local de trabalho: as instalações da Stalys. Passei a responder para o Dr. Torquato e para Clarissa, mas ainda com total autonomia sobre o "meu" departamento jurídico. E os trabalhos foram evoluindo bem, atingindo os objetivos da Just, os quais, a partir de então, eram, também, da Stalys.

Dr. Torquato, pouco a pouco, foi passando-me demandas da Stalys e, 45 dias depois, ele me convidou para, oficialmente, passar a integrar o Departamento Jurídico da Stalys, ficando responsável por todas as demandas da Just, mais os departamentos de contratos, contencioso e consultivo cível, além de ficar responsável pelas questões trabalhistas do grupo empresarial, apoiando a Diretoria de Recursos Humanos. Eu daria, também, suporte ao Departamento de Compliance da Stalys e continuaria responsável pelo da Just. Com tudo isso, minha equipe passou a ter cinco integrantes.

Infelizmente, minha assistente Kiki, diante do novo formato de trabalho, pediu seu desligamento. Hora, então, de contratar novo assistente, o Jefferson, que chegou à equipe com muita vontade de trabalhar. E trabalho não faltava!

Meu espaço no mundo empresarial da Stalys

Quando amamos nosso ofício, trabalhar é uma diversão! Muito mais do que ganhar dinheiro, é vestir a camisa da empresa que confia a você seu departamento jurídico. Assim, os dias foram passando e eu fui ganhando espaço na Stalys: passei a trabalhar em conjunto com o departamento de formalização de contratos, gerenciado pela Debs, e, desse trabalho, notamos a necessidade de implementarmos um *software* para gestão de contratos. Como eu já usava um *software* na Just, conseguimos adaptá-lo, também, para a Stalys. Tive carta branca para implementar mais esse projeto.

Tendo sido nomeadas para coordenar a implementação deste *software* ao grupo empresarial, "Debs" e eu montamos equipe de trabalho, coordenamos o treinamento desse time, criamos manual de regras e procedimentos e, enfim, implementamos o programa ao dia a dia da empresa. Isso trouxe mais segurança à gestão dos contratos, possibilitou agilidade ao processo e coesão dos trabalhos. Olha o Compliance aí, gente!

Por falar nisso, com base em meu conhecimento e expertise em conformidade, Dr. Torquato me designou como única responsável pela análise e adequação de documentos à LGPD.

Em seis meses, fui promovida a vice-presidente do Departamento Jurídico da Stalys! Nomenclatura "chique e pomposa" que nada mais era do que gerente. E, como tal, continuei trabalhando e ganhando meu espaço. Conduzi mediações entre funcionários e empresa; conduzi algumas demissões, rescindi contratos, vi gente amiga sair e "ser saída"... Fiz amigos! Conheci gente que tentou puxar meu tapete, porque mundo corporativo não é mar de rosas, não. Mas, tudo isso faz parte da vida profissional.

Coordenei, ainda, alguns processos de integração de outros departamentos jurídicos ao da Stalys passando, temporariamente, a coordenar gente nova, com novos desafios e conquistas.

Ao meu lado, estava Jefferson, que chegou "cru", mas,

depois de muito ensinamento e vontade de aprender, se tornou um "avião" e começou, também, a destacar-se na empresa, tendo sido convidado para assumir a coordenação do departamento de cobrança da Stalys. Ficar sem ele era perder um braço, mas seria, sem dúvida, egoísmo de minha parte. Bons gestores treinam seus liderados para baterem asas e voarem e, no fim do dia, vê-los brilharem era orgulho imenso para mim! E lá foi ele, ganhar seu próprio espaço... Também abri mão de uma estagiária excepcional, a Belô, porque ela recebeu proposta para atuar em um grande escritório de advocacia. E vieram outros assistentes e estagiários...

E, então, entramos num movimento reverso. O Grupo Stalys, que tinha como missão "desburocratizar o crédito" e, para tanto, incorporava empresas do mesmo ramo, com atividades diversas, mas correlatas, que ofereciam serviços de crédito que possibilitassem cumprir essa missão, com o passar do tempo, teve sua história empresarial alterada. O processo de incorporação de empresas cessou e iniciou-se um ciclo de desvinculação destas, antes agregadas ao grupo. Inevitavelmente, a Just foi objeto de desincorporação. E eu coordenei esse processo.

Retorno à direção do Departamento Jurídico e Compliance da Just

Nesse movimento de mudanças, Zeca, o COO da Just, assumiu, merecidamente, seu lugar como CEO. E, com isso, veio o convite dele para eu voltar a ser a diretora jurídica e de compliance da Just. Com alegria, aceitei o novo desafio. Sim, desafio, porque a Just se desenvolveu muito durante esse período.

O processo de adequação da empresa à LGPD foi concluído com sucesso, todos os documentos foram aprimorados e atualizados e os colaboradores foram treinados para estarmos *compliance* com a legislação. Tudo isso aconteceu junto com a chegada de novos clientes, com necessidades diferentes e eu, junto com o time comercial, fomos fazendo adaptações, sob o aspecto jurídico-comercial, para atender a clientela, sem colocar a Just em risco.

Nesse momento, eu olhei para trás e me lembrei de como as coisas estavam quando eu cheguei à Just, há pouco mais de 2 (dois) anos... "Uma zona!" Naquele momento, motivo de orgulho!

E eu era reconhecida por este trabalho, o que me dava ainda mais vontade de continuar! Veio a nova fase, com o estabelecimento de novas e desafiadoras metas. Formação de nova equipe de trabalho, coordenação, criação. Novo ciclo de mudança empresarial. Mas, agora, estávamos preparados para crescer!

Hora de alçar voos mais altos

Quando você se destaca no mercado de trabalho, a notícia logo se espalha. Assim, comecei a ser abordada por empresas do mesmo ramo de atuação para estruturar outros departamentos jurídicos e *compliance*.

Momento difícil na carreira de que qualquer profissional, principalmente quando se ama o que se faz e se gosta da função que exerce naquela empresa. Virar essa página da minha história não era um ato imprescindível, mas necessário ao meu crescimento profissional. A proposta que recebi, e que aceitei, era para dirigir o departamento jurídico de uma empresa maior, com mais trabalho e responsabilidade. E, como adoro desafios, fui desbravar um novo departamento jurídico.

A despedida foi difícil. Fiquei na empresa até o último segundo de meu horário de trabalho e, ao sair, não olhei para trás. Encerrava, assim, mais um capítulo de minha trajetória profissional.

Ao concluir este artigo, eu já não estava mais na direção da empresa para onde fui quando me desliguei da Just, porque trabalhar nela foi uma das maiores decepções de minha carreira. Mas, isso também faz parte da vida de qualquer profissional e, quem sabe, história para outro artigo...

O que importa, para mim, é reconhecimento que fica pelo bom trabalho que você fez. Isso, sem sombra de dúvida, é impagável e, embora não esteja estampado no *curriculum vitae*, fica registrado num cantinho especial do coração e, ainda, gravado nas recomendações do LinkedIn, com as palavras de um colega de trabalho da Just, as quais aqui transcrevo:

> *"Tive o prazer de trabalhar com a Dra. Ana Paula no Grupo "Stalys". Como vice-presidente jurídica, demonstrou um comprometimento excepcional e um profundo conhecimento na área jurídica, desempenhando um papel crucial na organização e padronização dos contratos existentes. Sob sua liderança, a equipe de alto nível que gerenciava o processo de on boarding de clientes B2B e B2C foi transformada de maneira impressionante, trazendo uma abordagem profissional e estratégica para a gestão dessa equipe, garantindo não apenas uma operação mais eficiente, mas, também, trazendo maior segurança jurídica para a empresa como um todo.*
>
> *Além disso, ela desafiou as convenções estabelecidas, implementando novos processos que elevaram o padrão das atividades da empresa. Sua capacidade de liderança e habilidade para organizar e otimizar processos foram fundamentais para o sucesso do grupo empresarial.*
>
> *Recomendo e afirmo que a Dra. Ana é uma profissional dedicada, comprometida e extremamente competente. Sua contribuição significativa para o Grupo deixou uma marca duradoura na empresa e estou confiante de que ela continuará a alcançar resultados impressionantes em suas futuras empreitadas.*
>
> *Muito sucesso, sempre".*

A sensação de missão cumprida é indescritível! Não há dinheiro que pague o reconhecimento deste trabalho árduo, tal como expressado nas palavras acima transcritas.

Saí da Just, mas mantive os amigos que fiz neste período profissional e carrego comigo a experiência adquirida nesta jornada, que não foi fácil. Contudo, gosto de parafrasear Roberto Carlos e dizer que "se chorei ou se sorri, o importante é que emoções eu vivi"! Essas experiências me motivaram a escrever este artigo para inspirar outras mulheres no mundo corporativo a deixarem suas marcas na vida e nas histórias de pessoas e empresas.

LGPD: sua empresa está preparada?

Carla Conejo

LINKEDIN

Tem 46 anos, advogada há 25 anos, casada, mãe de três filhos, católica, nascida e criada em Sorocaba – São Paulo, sócia do escritório Silva Santos e Conejo Sociedade de Advogados.

Graduada pela Faculdade de Direito de Itu (FADITU), turma 1998, especializada em Direito Constitucional pela Escola Superior de Direito Constitucional (ESDC), 2004, pós-graduada em Direito Processual Civil pela Faculdade Damásio – 2016, pós-graduada em Direito Digital, Compliance, Compliance trabalhista, Implementação de LGPD – Verbo Jurídico 2022. DPO pela Exin em 2023.

1. Introdução

O que é Direito Digital?

Como vivemos em sociedade, precisamos organizar as pessoas que vivem sob aquele ambiente, por conta disso surgiu o Direito para regular as relações humanas, com a finalidade principal de proporcionar a paz social, para impedir a desordem, o caos, a criminalidade, impondo limites através de direitos e obrigações da população. Tendo em vista que o Direito é dinâmico e precisa acompanhar a evolução da sociedade e caminhar junto com as problemáticas atuais e com a evolução da internet, se fez necessário criar um novo ramo do Direito e assim surgiu o Direito Digital.

O início da discussão do assunto surgiu em meados de 2007, a fim de proteger os "cibercrimes", porém a Lei nº 12.965/2014, que é chamada de Marco Civil da Internet, só se tornou realidade em 2014.

Um dos mais conhecidos exemplos de aplicabilidade do Direito Digital é a lei conhecida como "Lei Carolina Dieckmann", sob o nº 12.737/2012, a qual regulamentou um novo tipo penal, previsto no artigo 154-A, que criminalizava a invasão de aparelhos de terceiros com o objetivo de apropriar-se, danificar ou modificar dados e informações de um usuário sem que tenha sido dada autorização para tal. Vieram depois diversas legislações com o objetivo de regulamentar a vida e convivência virtual.

Sobre a LGPD

Acredito que um tema super-relevante e atual a ser levantado aqui com vocês é sobre a Lei Geral de Proteção de Dados, que está em vigor desde 2018, porém, as penalidades pelo não cumprimento passaram a ser aplicadas a partir de 2021. A legislação veio para regulamentar o tratamento de dados pessoais, nos meios físicos e digitais, por pessoa física ou jurídica, com o objetivo de proteger os direitos fundamentais de liberdade e privacidade e o livre desenvolvimento da personalidade da pessoa natural.

Ganhou a dimensão de ser elevada aos direitos e garantias fundamentais através da EC 115/2022, na qual foi acrescentado o inciso LXXIX ao artigo 5º, CF, dispondo que "é assegurado, nos termos da lei, o direito à proteção dos dados pessoais, inclusive nos meios digitais".

A lei visa proteger a privacidade dos usuários e estabelece que empresas, órgãos do governo federal, estados e municípios só podem armazenar e tratar dados pessoais se o cidadão permitir.

Todas as empresas, seja B2B ou B2C, desde startups, MEI, ME, LTDA, EI até multinacionais, devem ter implementado a legislação, sendo que empresas de pequeno porte estão dispensadas de alguns processos, sendo eles mais simplificados, mas deverão estar em conformidade com a legislação.

Tendo em vista que a adequação é muito complexa, na medida em que deve ser implementada em todas as áreas das empresas, tais como: RH, Atendimento, Jurídico, Marketing, Comercial, nesse trabalho vamos nos focar, tão somente, no setor dos Recursos Humanos (RH) de uma empresa.

2. Conhecimentos iniciais da LGPD

Para iniciar um processo de implementação, devemos, inicialmente, preparar uma reunião prévia e, após, aplicar um questionário na empresa para saber qual o grau de maturidade em que se encontra em todos os aspectos.

Algumas questões e conceitos básicos temos que entender para que possamos dar continuidade à implementação em si; vamos lá:

2.1. Fundamentos da LGPD – art. 2

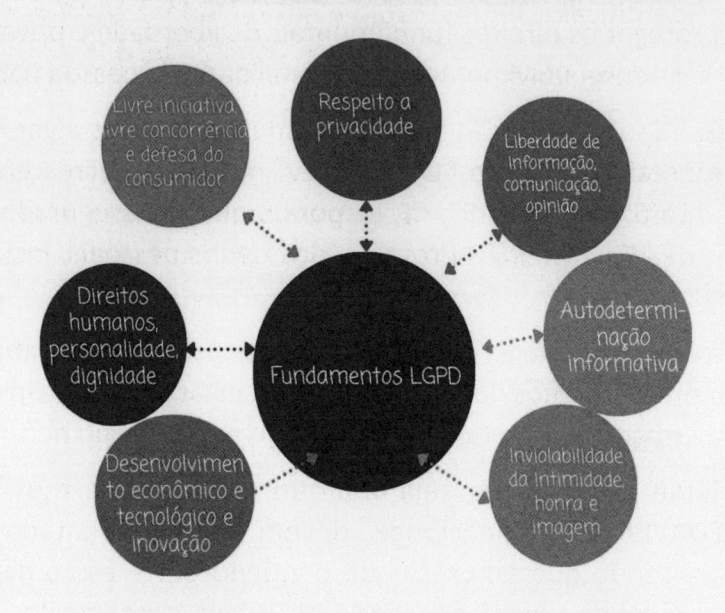

[Diagrama com "Fundamentos LGPD" ao centro e em torno: Livre iniciativa, livre concorrência e defesa do consumidor; Respeito a privacidade; Liberdade de informação, comunicação, opinião; Autodeterminação informativa; Inviolabilidade da intimidade, honra e imagem; Desenvolvimento econômico e tecnológico e inovação; Direitos humanos, personalidade, dignidade]

2.2. Princípios da LGPD – art. 6

[Diagrama em forma de quebra-cabeça com "PRINCÍPIOS LGPD" ao centro e as peças: Finalidade; Adequação; Necessidade; Livre Acesso; Qualidade dos Dados; Transparência; Segurança; Prevenção; Não Discriminação; Responsabilização e Prestação de Contas]

2.3. Conceitos para fins da Lei – os principais – art. 5 e 14:

- Dado pessoal: qualquer informação que identifique ou permita a identificação de uma pessoa pode ser classificado em:

- Direto: sem necessidade de muitas informações para identificar: CPF, RG, título eleitoral, nome...;

- Indireto: necessidade de informações adicionais: gostos, hábitos, interesses, geolocalização, idade;

- Pseudonimizados: precisa de uma informação adicional para descobrir quem é a pessoa, sendo que essa informação fica mantida em outro ambiente controlado e seguro, p.ex., fornecer os três primeiros dígitos do CPF ao atendente, que só terá acesso a esse dado, não sabendo o restante;

- Dado anonimizado: dado que não identifica quem é, p.ex., morreram 200 vítimas de Covid, não consigo saber quem são.

- Dado pessoal sensível: em síntese, esses seriam dados que poderiam gerar alguma espécie de discriminação, como opinião política; raça, opção sexual, partido, estado de saúde, religião;

- Dados de criança e adolescente: nesse caso, temos que observar que criança, pelo ECA, tem até 12 anos incompletos e adolescentes têm entre 12 e 18 anos de idade. Aqui, entram todos os dados pessoais, e sensíveis. E para o tratamento desses dados temos regras específicas.

- Banco de Dados: conjunto de dados pessoais em ambiente digital ou físico;

- Titular: o dono dos dados;

- **Controlador:** pessoa física ou jurídica, de direito público ou privado, que colhe os dados e decide o que poderá ser feito com eles;
- **Operador:** pessoa física ou jurídica, de direito público ou privado, que realiza o tratamento conforme as ordens do controlador;
- **Encarregado (DPO):** pessoa indicada pelo controlador e operador para ser o canal de comunicação entre as partes (titular, controlador e Autoridade Nacional);
- **Agentes de Tratamento:** controlador e operador;
- **Tratamento:** toda operação realizada com os dados, tais como: a coleta, produção, recepção, classificação, utilização, acesso, reprodução, processamento, arquivamento, transferência avaliação, eliminação, entre outras...
- **Anonimização:** utilização de meios possíveis de transformar o dado identificado em não identificável;
- **Consentimento:** manifestação do titular, que concorda com o tratamento.

2.4. Direitos dos titulares

- CONFIRMAÇÃO DE EXISTÊNCIA DE TRATAMENTO
- ACESSO AOS DADOS
- CORREÇÃO DOS DADOS
- BLOQUEIO OU ELIMINAÇÃO
- PORTABILIDADE DE DADOS
- USO COMPARTILHADO COM ENTIDADES
- POSSIBILIDADE DE NÃO FORNECER CONSENTIMENTO
- REVOGAÇÃO DE CONSENTIMENTO

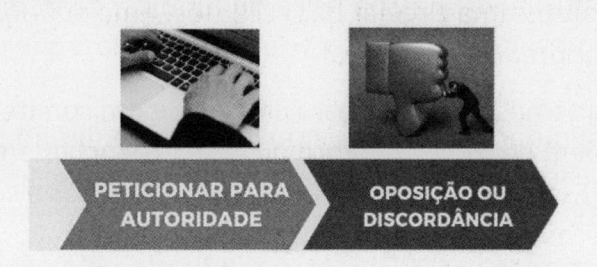

2.5. Bases legais – art. 7 e 11

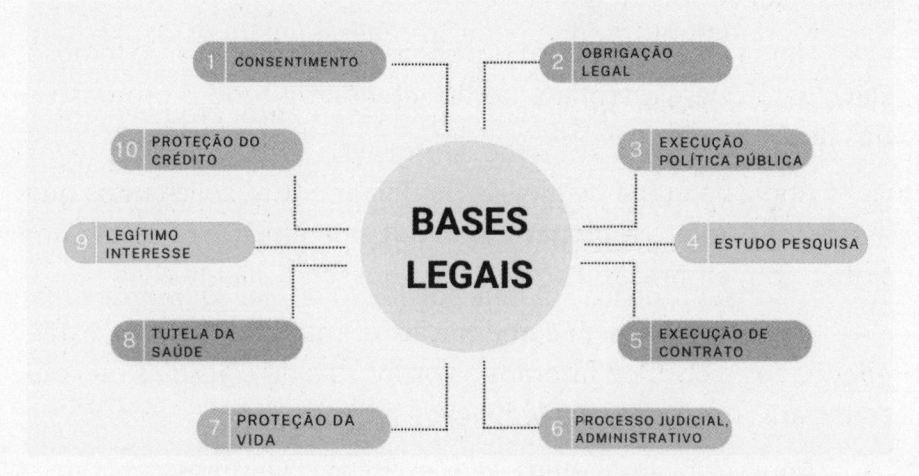

BASES LEGAIS:
1. CONSENTIMENTO
2. OBRIGAÇÃO LEGAL
3. EXECUÇÃO POLÍTICA PÚBLICA
4. ESTUDO PESQUISA
5. EXECUÇÃO DE CONTRATO
6. PROCESSO JUDICIAL, ADMINISTRATIVO
7. PROTEÇÃO DA VIDA
8. TUTELA DA SAÚDE
9. LEGÍTIMO INTERESSE
10. PROTEÇÃO DO CRÉDITO

3. Etapas de uma Implementação

São diversas as etapas de uma implementação, só a título de conhecimento, vamos descrever algumas, pois iremos focar na análise do setor de Recursos Humanos da empresa, por ser, no meu ponto de vista, a mais delicada.

Iniciamos o programa de implementação com uma apresentação sobre a legislação e adequação, é enviado um questionário inicial, para sabermos em qual estágio de maturidade a empresa se encontra. Após, agendamos um treinamento inicial com o maior número de funcionários para que tomem conhecimento das novas alterações.

Passamos uma circular para clientes, funcionários, fornecedores, colaboradores em geral.

Agendamos uma data para criação de um comitê, que auxiliará na coleta de todas as informações e preenchimentos dos inventários. Esse comitê participará de treinamentos e servirá para sanar dúvidas de todos os funcionários.

Preferencialmente, teremos um funcionário de cada área, por exemplo, um funcionário do Recursos Humanos, outro do Setor de Comércio, Setor de Vendas, Setor de Marketing, Secretaria, Financeiro...

Nessa fase nomeamos um encarregado de dados, o famoso DPO, para que ele tenha a noção integral de todo o processo e dos procedimentos.

Após, na etapa de análise de documentos, solicitamos que a empresa separe e prepare toda documentação, todos os contratos, com empresas, com funcionários, com clientes.

Ao reunir toda documentação é analisado se eles estão adequados à LGPD, e fazemos as propostas de cláusulas ou contratos adicionais para a adequação.

Aqui verificamos ainda se as políticas da empresa existem e se estão adequadas.

GESTÃO DE CONTRATOS								
Última atualização:					Responsável:		
PARTE	CONTATO	ESPÉCIE	OBJETO	EM CONFORMIDADE COM LGPD?	DATA DE TÉRMINO	PRAZO DE RETENÇÃO	DATA DE ELIMINAÇÃO

Na sequência inventariamos ou mapeamos os dados, ou seja, analisamos todo o ciclo de vida do tratamento de dados:

CICLO DE VIDA DOS DADOS - ART. 5 LGPD

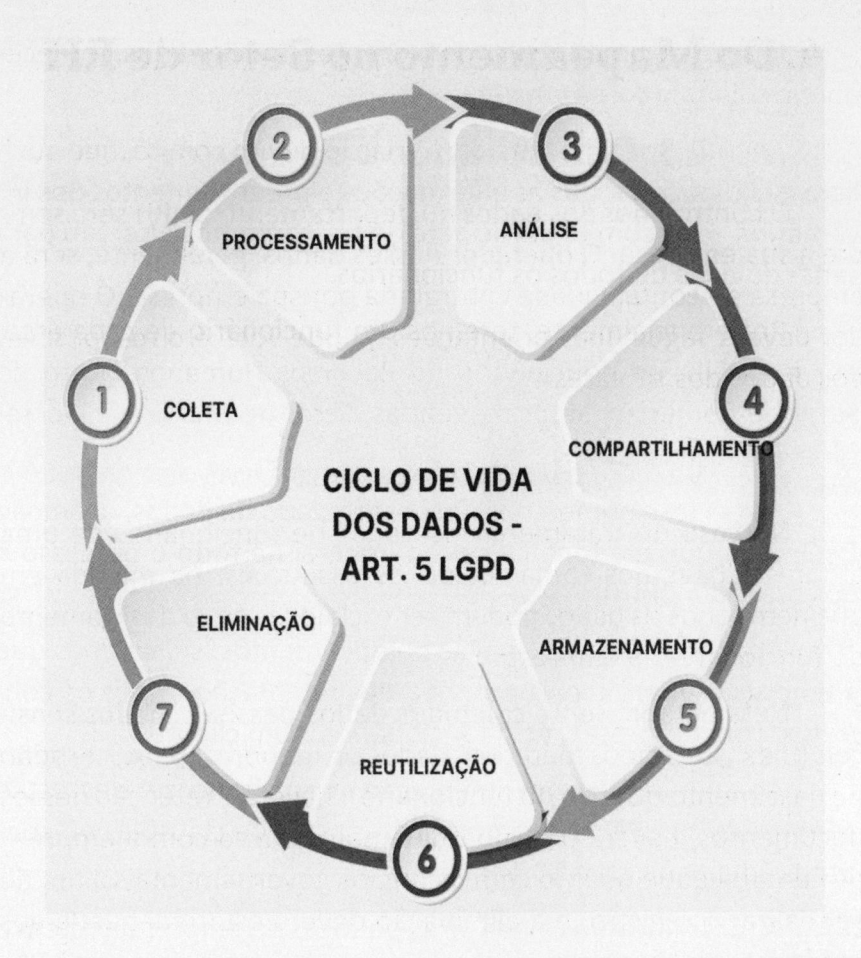

1. COLETA
2. PROCESSAMENTO
3. ANÁLISE
4. COMPARTILHAMENTO
5. ARMAZENAMENTO
6. (sem rótulo)
7. ELIMINAÇÃO
REUTILIZAÇÃO

Após mapeados todos os dados, verificamos a existências de gaps, ou seja, de vícios, lacunas, e preenchemos uma lista do problema, e como pode ser solucionado.

Preparam-se ou adequam-se todos os documentos, tais como Termos de Ajustes com funcionários, Políticas de Privacidade, Política de Confidencialidade, e todos que se fizerem necessários.

Nessa fase solicitamos todos os consentimentos para estruturar as medidas de segurança que devem ser fixadas.

E, em conclusão, seguimos para elaboração do Relatório final, o RIPD – Relatório de Impacto da Empresa.

4. Do Mapeamento no Setor de RH

4.1. Controlador e operador

O controlador dos dados no departamento de RH será sempre a sua empresa. O operador desses dados, geralmente, será a empresa de contabilidade contratada por sua empresa. O operador deverá seguir suas orientações, já que você é o responsável dos dados dos titulares.

4.2. Ciclo de vida dos Dados

No caso de tratamento de dados de funcionários de uma empresa, devemos tomar cuidados essenciais, na medida em que nem todos os dados podem ser excluídos com o desligamento do funcionário na empresa.

Nessa etapa, serão coletados dados pessoais, dados sensíveis (p.ex., atestados médicos), dados de menores (p.ex., certidão de nascimento do filho do funcionário); haverá a retenção desses documentos, haverá o compartilhamento tanto com a empresa de contabilidade quanto com os órgãos governamentais a fim de se realizar o registro; e a eliminação deverá estar adequada aos prazos prescritos em lei.

4.3. Descrição do Fluxo de tratamento de Dados

O profissional que estiver implementado a LGPD irá solicitar que seja descrito todo o curso de coleta dos documentos, desde a entrevista até o desligamento. Analisa-se como é coletado o currículo (e-mail, em mãos, por cadastro em site) do pretendente ao emprego, e o que é feito com o documento posteriormente, quais os dados que são solicitados, se após o prazo da contratação esse documento é eliminado, como é eliminado (triturado, apagado da nuvem).

No caso da entrevista, analisamos as perguntas, se estão ou não adequadas, se há ou não necessidade daquelas perguntas naquele momento. Qual o motivo daquelas perguntas, pois, caso haja excesso de perguntas, será sugerida a eliminação das que não são pertinentes.

Em caso de contratação, quais os documentos que serão solicitados, e quais os documentos que serão compartilhados e com quem e o que será compartilhado.

4.4. Finalidades de tratamento e bases legais

A finalidade do tratamento dos dados é a contratação do funcionário, bem como, cumprir as exigências regulatórias dos órgãos governamentais, devendo ser essas as bases legais a serem descritas no mapeamento de dados.

Deve ser tomado o cuidado de solicitar o consentimento para tratamento dos dados de crianças e adolescentes, por ser previsão legal para o tratamento desse tipo de dado.

4.5. Compartilhamento

Nos documentos da empresa com o funcionário, deve estar bem claro quais os dados que serão compartilhados e com quem será compartilhado. Em alguns casos, haverá a necessidade de consentimento para o compartilhamento, em outros casos é por cumprimento de obrigação legal, e por tal motivo não haverá a necessidade de solicitação do termo de consentimento assinado.

Isso porque, há empresas que têm plano de saúde, outras, convênio com farmácia...

4.6. Prazos de Armazenamento dos Documentos de RH

Prazo de dois anos:

- Aviso Prévio;
- Pedido de Demissão;
- Termo de Rescisão do Contrato de Trabalho.

Prazo de cinco anos:

- Cadastro Geral de Empregados e Desempregados (Caged) - Artigo 2º, § 1º, da Portaria MTE nº 1.129/2014;
- Acordo de Compensação;
- Acordo de Prorrogação de Horas;
- Atestado Médico;
- Autorização para descontos não previstos em lei;
- Cartões, fichas ou livros de marcação de ponto;
- Comprovante de entrega da Comunicação de Dispensa (CD);
- Comprovante de retenção do IRRF;
- Documentos relativos às eleições da CIPA;
- Guias de Recolhimento de Contribuição Sindical, Assistencial e Confederativa;
- Mapa Anual de Acidentes do Trabalho;
- Recibo de Abono de Férias;
- Recibo de Gozo de Férias;
- Recibo de Adiantamento do 13º Salário;
- Recibo de 13º Salário;
- Recibo de Entrega do Requerimento Seguro-Desemprego (SD);

- Recibos de Adiantamento;
- Recibos de Pagamento;
- Relação de Contribuição Sindical, Assistencial e Confederativa;
- Solicitação da 1ª parcela do 13º Salário;
- Solicitação de Abono de Férias;
- Vale-transporte.

Prazo de dez anos:

- PIS/Pasep;
- Folha de pagamento;
- Recibo e Ficha de salário-família;
- Atestados Médicos relativos a afastamento por Incapacidade ou Salário-Maternidade;
- Guia da Previdência Social (GPS);
- Salário-Educação.

Prazo de 20 anos:

- Perfil Profissiográfico Previdenciário (PPP);
- Comprovação de entrega do PPP ao trabalhador;
- Dados obtidos nos Exames Médicos admissional, periódico, de retorno ao trabalho, mudança de função e demissional, incluindo avaliação clínica e exames complementares, as conclusões e as medidas aplicadas, contados após o desligamento do trabalhador;
- Dados obtidos no Programa de Prevenção de Riscos Ambientais (PPRA).

Prazo de 30 anos:

- Documentos relativos ao FGTS

Prazo indeterminado:

- Livro de Atas da CIPA;
- Livros de Inspeção do Trabalho;
- Contrato de Trabalho;
- Livros ou Fichas de Registro de Empregados;
- Relação Anual de Informações Sociais (RAIS).

Conclusão e dica importante

Nunca esquecer que, para uma implementação adequada, essa deverá estar sempre sendo revisada e atualizada.

Vejo muitas empresas que, após recebido o RIPD, acreditam que já está tudo adequado e implementado e que a partir daí não terão mais problemas, e, após implementado, e com ausência de treinamentos constantes, passam a regredir e voltam a fazer o que após a implementação não deveriam mais fazer.

A importância da participação das mulheres nas mesas de negociações sindicais como meio de garantir soluções mais equilibradas e justas

Denize Tonelotto

INSTAGRAM

Advogada e sócia-fundadora do Escritório Tonelotto Advogados Associados, com 35 anos de atuação no contencioso trabalhista e em assessoria empresarial. Pós-graduada em Direito Empresarial; SGI-Sistemas de Gestão Integrados (Meio Ambiente, Qualidade, Saúde e Segurança do Trabalho); Direito Previdenciário; Direito Internacional e doutora pela Universidad Nacional de Córdoba. Professora, palestrante, consultora e mediadora. Movida pela fé em Deus e grata a ele por tantas vitórias alcançadas até aqui. Apaixonada pela família, pelo trabalho, pela vida, por desafios e por estudar.

"Ser mulher e profissional é uma batalha diária. Nem sempre venceremos a guerra, mas, ainda que venham desafios, sempre estaremos dispostas a enfrentá-los e superá-los. Afinal, somos guerreiras por natureza e sabemos que o lugar da mulher é onde ela quiser."

Parte 1
Como ingressei no mundo das negociações coletivas

Neste ano completam-se 29 anos que o Direito Sindical entrou em minha vida (ou eu entrei na vida dele). Até então eu era uma advogada especialista em Direito do Trabalho e Direito Empresarial, mas não havia me dado conta de como minha vida seria modificada a partir do momento em que participei da primeira negociação para renovação de uma Convenção Coletiva do Trabalho.

Foi no ano de 1995. Meu filho do meio tinha apenas três meses de idade quando fui convidada para participar de uma reunião com alguns empresários que estavam insatisfeitos com uma Convenção Coletiva que havia sido recém-assinada e onde foram incluídas cláusulas prejudiciais aos empresários e não foram objeto de votação e aprovação para inclusão naquela Convenção Coletiva.

Confesso que fiquei apreensiva, pois não era um assunto que eu dominava. Afinal, o Direito Sindical sequer era matéria obrigatória na minha faculdade de Direito, que concluí nos idos de 1987.

Mas, sempre fui movida a desafios e me coloquei a buscar todas as fontes de estudos sobre o tema. Na ocasião, também busquei conselhos com profissionais que eram autoridades na matéria e recebi dicas preciosas de como enfrentar a situação.

E lá fui eu enfrentar a primeira ação anulatória de Convenção Coletiva. Eu pisava em um campo novo, mas, quanto mais eu estudava, mais me apaixonava pelo Direito Sindical e suas nuances.

Como resultado, anulamos aquela Convenção Coletiva e retiramos todas as cláusulas cuja inserção não fora objeto de aprovação da assembleia geral. Uma vitória tão significativa assim me rendeu uma certa notoriedade e acabei assumindo o cargo de diretora jurídica de um importante sindicato patronal, parceria que perdura até os dias atuais.

Claro que nem tudo foram glórias. Minha vida foi dividida entre especializações, mestrado e doutorado, meus três filhos, marido, casa, escritório e sindicato. Mas, assim como toda mulher, somos polvos e com nossos tentáculos vamos assumindo responsabilidades e dando conta delas com louvor.

O convite para participar deste livro soou como uma oportunidade de incentivar outras mulheres a participarem do mundo sindical, até aqui tão permeado de figuras masculinas, que a meu ver são grandes negociadores, mas não trazem algumas das maiores qualidades que uma mulher negociadora tem: percepção, observação, tenacidade, determinação e sutileza.

Parte 2

Desafios enfrentados em algumas negociações sindicais

Aparentemente tudo seria tranquilo. Bastava entender do Direito Sindical, conhecer as normas que regem a negociação coletiva e pronto. Tudo perfeito!

Ocorre que ser mulher no Direito Sindical, especialmente estar à frente de negociações com os Sindicatos de Empregados, não é tarefa fácil. Ao longo dos anos algumas vezes me deparei com chamados para lidar com carros de som colocados nas portas das empresas, impedindo a entrada dos empregados e clientes e causando tumulto. A primeira reação sempre era: "Chamem a polícia!" Resposta: a polícia não virá. Eles não podem interferir na livre manifestação sindical!

E assim, a duras penas, aprendi a negociar em meio a conflitos. Aos poucos foi possível entender o que era preciso para resolver a situação de imediato e retirar carros de som das portas, abrindo uma linha de diálogo e "apagando incêndios".

No Brasil a liberdade sindical é respeitada. Não há outra solução a não ser o diálogo. E não um simples diálogo, mas um diálogo inteligente, derivado de uma observação criteriosa dos principais objetivos que levaram o sindicato dos empregados a tomar a atitude da repressão.

O uso da força nunca deu e nunca dará resultados. Será apenas um catalisador para o crescimento de novas demandas e vai gerar mais e mais animosidade. Isso é um aprendizado precioso. Ao entender a regra do jogo, jogamos melhor e fazemos com que as relações sindicais se tornem mais leves ao longo dos anos.

É claro que vão acontecer momentos em que você perde a paciência e que tem vontade de revidar ao enfrentar determinadas situações, especialmente quando as atitudes do sindicato obreiro estão repletas de atos antissindicais. A regra é respirar fundo e tentar tirar algum proveito daquela situação, mesmo que aparentemente caótica.

Fato é que, mesmo sendo prerrogativa sindical a livre manifestação, a liberdade sindical encontra seus limites e são vedadas as condutas que atentem contra o sistema sindical, a exemplo das greves não pacíficas, depredação de patrimônio e agressões a empregadores e funcionários que dela não queiram participar.

Ainda assim, algumas vezes me deparei com deflagração de greve sem o menor respeito aos direitos fundamentais, impedindo os trabalhadores dissidentes de trabalhar e paralisando 100% da empresa, em evidente prejuízo da coletividade.

Então, quando falham as negociações devemos buscar ajuda no Poder Judiciário, já que com uma liminar e imposição de multas altas teremos melhor poder de barganha e abrandamento da greve, permitindo o funcionamento parcial da empresa até que as negociações evoluam e a greve cesse.

Parte 3

Falando um pouco sobre a importância das Negociações Coletivas

As negociações coletivas são um processo formal de diálogo entre sindicato de empregadores, também conhecido como sindicato patronal, e sindicatos de trabalhadores, no qual são discutidos e acordados termos e condições de trabalho, incluindo salários, horários de trabalho, condições de trabalho, proteção contra a discriminação, entre outros.

No Brasil, devido a questões históricas e sociais, bem como a frequentes acusações de falta de transparência, criou-se uma espécie de aversão generalizada contra os sindicatos, mas isso precisa ser desmistificado de modo a deixar de ser um fator de afastamento das empresas das negociações sindicais.

O Direito Sindical, embora atualmente seja ensinado nas faculdades, não é visto como uma matéria interessante, porém, ao conhecermos suas nuances perceberemos que atuar no Direito Sindical permitirá que influenciemos diretamente a vida de dezenas, centenas e até milhares de pessoas, já que um instrumento normativo atinge todos os trabalhadores que formam aquela coletividade envolvida na negociação coletiva.

Daí o entendimento de que a participação do empresário nas negociações coletivas é fundamental para o equilíbrio entre capital e trabalho, e que competirá aos profissionais atuantes nas mesas de negociação preservar o diálogo pelas seguintes razões:

1. Garantia da eficiência econômica: negociações coletivas permitem que as partes cheguem a acordos que sejam vantajosos tanto para os empregadores quanto para os empregados. Isso pode ajudar a garantir a estabilidade e a eficiência das empresas, o que pode ser importante para o seu sucesso a longo prazo.

2. Prevenção de conflitos: as negociações coletivas permitem que as partes discutam e resolvam questões de forma pacífica e amigável, o que pode prevenir conflitos trabalhistas e garantir uma atmosfera de trabalho mais positiva.

3. Valorização dos trabalhadores: a participação do empresário nas negociações coletivas demonstra o compromisso da empresa com os direitos e bem-estar dos trabalhadores. Isso pode ser importante para a construção de uma cultura de trabalho positiva e para a retenção de talentos.

4. Conformidade legal: a lei exige que as empresas participem das negociações coletivas, e a não participação pode resultar em sanções legais.

Parte 4

Afinal, qual o trâmite legal de uma negociação coletiva?

No Brasil, as negociações coletivas são regidas pela Constituição Federal, pela Consolidação das Leis do Trabalho (CLT) e por outras legislações correlatas. Vamos relacionar os principais componentes e passos envolvidos no processo de negociação coletiva no Brasil:

1. Representação: a negociação coletiva é conduzida por sindicatos representativos dos trabalhadores e dos empregadores. Esses sindicatos devem estar legalmente registrados no Ministério que acumular a pasta de Trabalho e Emprego e ter representatividade nas categorias profissionais ou econômicas envolvidas.

2. Pauta de reivindicações: o sindicato dos trabalhadores faz um chamamento de uma assembleia e elabora uma pauta de reivindicações contendo as demandas e os interesses dos trabalhadores. Essa pauta é apresentada ao sindicato patronal ou diretamente aos empregadores.

3. Notificação: o sindicato dos trabalhadores deve notificar o sindicato patronal ou os empregadores sobre a intenção de iniciar a negociação coletiva. Essa notificação geralmente ocorre por meio de uma carta formal ou um aviso oficial.

4. Discussões e negociações: as partes se reúnem para discutir as demandas e interesses apresentados. Durante as negociações, são apresentadas propostas e contrapropostas com relação às condições de trabalho, salários, benefícios, jornada de trabalho, entre outros pontos.

5. Acordo coletivo – É negociado entre um sindicato de trabalhadores e a empresa, valendo suas regras para um grupo ou todos os empregados que trabalham naquela empresa. O ACT é mais limitado em termos de sua aplicação, pois não se estende a toda a categoria profissional, apenas aos trabalhadores diretamente envolvidos na negociação.

6. Convenção coletiva – Tem uma abrangência mais ampla. Nasce de negociações entre sindicatos de categorias profissionais específicas (por exemplo, sindicato dos metalúrgicos ou dos bancários) com os sindicatos patronais correspondentes. Quando os sindicatos chegam a um acordo assinam a CCT, cujas regras deverão ser cumpridas por pertencentes àquela categoria profissional, sendo ou não sindicalizados.

7. Registro e homologação: o ACT ou CCT devem ser registrados junto ao Ministério do Trabalho e Emprego perante a entidade governamental responsável.

8. Vigência e cumprimento: o acordo ou convenção coletiva tem uma vigência determinada, geralmente de um ano. É possível negociar cláusulas sociais pelo período de dois anos, mas as cláusulas econômicas devem ser anualmente revistas em sua data-base.

9. Ultratividade das Normas Coletivas: o Brasil já passou por vários momentos em que, não ocorrendo a assinatura de um novo ACT ou CCT, prevaleciam vigentes as cláusulas anteriormente ajustadas. Contudo, atualmente não prevalece a ultratividade das normas coletivas, o que significa dizer que, findo um ACT ou CCT sem nova negociação, as cláusulas anteriormente ajustadas deixam de existir.

10. Princípio do Negociado sobre o Legislado – Esse princípio estabelece que os acordos coletivos de trabalho e as

convenções coletivas de trabalho têm prevalência sobre a legislação trabalhista em grande parte das questões. É uma premissa estabelecida a partir da reforma trabalhista de 2017. Antes, as normas e direitos trabalhistas estabelecidos na legislação eram considerados intocáveis, ou seja, não poderiam ser negociados de forma a diminuir a proteção aos trabalhadores. O princípio do negociado sobre o legislado veio para permitir que as partes envolvidas na negociação coletiva estabeleçam condições de trabalho diferentes das previstas na legislação, desde que não violem direitos fundamentais dos trabalhadores.

Nesse ponto, é preciso reforçar a importância da participação empresarial nas negociações coletivas. Já que o negociado ganhou força, podendo, em alguns casos, se sobrepor ao legislado, isso pode permitir maior flexibilidade para que empregadores e trabalhadores adaptem as condições de trabalho às necessidades específicas de suas atividades e setores, gerando soluções mais personalizadas, considerando as particularidades de cada empresa e categoria profissional.

Parte 5

Mulheres nas mesas de negociações coletivas. Por que não?

As mulheres enfrentam desafios específicos no mercado de trabalho, incluindo discriminação salarial, falta de oportunidades de promoção e ausência de proteção contra a violência e o assédio sexual no local de trabalho. O Direito Sindical é uma importante ferramenta que pode ser usada para proteger direitos e garantir que as mulheres sejam tratadas com igualdade e respeito no mercado de trabalho.

Conta a história que a luta das mulheres por melhores

condições de trabalho sempre esteve ligada à luta dos trabalhadores, mas sempre invisíveis, como se estivessem escondidas sob uma "dominação masculina". Na sociedade contemporânea a ideologia predominante ainda é marcada por uma visão masculinizada na qual a imagem feminina é um estereótipo sem voz (SOUZA-LOBO, 1991). De acordo com os juristas Matos e Borelli (2012, p. 128), as trabalhadoras eram tratadas, inclusive pela imprensa operária, como pessoas "frágeis e indefesas", "passivas" e "carentes de consciência política".

Fato é que as desigualdades de gêneros permanecem. No dia a dia percebemos contrastes e paradoxos que evidenciam um longo caminho a percorrer em busca de demonstrarmos que somos e podemos ser excelentes profissionais e negociadoras.

Se ainda somos minoria nas mesas de negociação sindicais, podemos mudar as estatísticas e trilhar os caminhos de tantas outras mulheres que se tornaram referência em campos de atuação que outrora eram exclusivamente masculinos.

E arrisco dizer a todas que decidirem seguir esse caminho que toda mulher tem grandes qualidades e virtudes e isso fará muita diferença em suas trajetórias como negociadoras perante os sindicatos, sejam eles de empresários ou de empregados.

E, como dizia a fantástica Coco Chanel: *"Uma garota deve ser duas coisas: quem e o que ela quiser"*. Então simplesmente seja!

Parte 6

Meus conselhos para você que pretende atuar na área do Direito Sindical:

1. Não dê importância para o que dizem a respeito dos perigos que o enfrentamento com o sindicato de empregados poderia trazer, especialmente no que diz

respeito à segurança. Lembre-se que todos os dias enfrentamos perigos e não nos intimidamos por isso.

2. Estude cada negociação, especialmente o sindicato adversário. Entenda como atuaram em outras negociações e esteja pronta.

3. Conheça os índices de reajustes de outras categorias que já fecharam suas convenções ou acordos coletivos. Isso a ajudará a argumentar sobre os limites de reajuste na sua negociação.

4. As quedas de braço devem ser evitadas. Por mais que você tenha razão em seus argumentos, pratique a paciência e convide os adversários a pensar sobre o que foi dito. Caso o clima da negociação esquente demais, sugira uma pausa e marque um outro encontro com os ânimos menos alterados.

5. Conheça a técnica do "ganha-ganha", que tem como cerne o fato de que nas negociações coletivas ninguém deve perder e todos devem ganhar.

6. Não seja arrogante e pretenciosa. O importante é mostrar domínio do tema e manter a empatia com os negociadores adversários.

7. Seja você mesma, nunca um personagem. As pessoas tendem a ouvir melhor aquelas pessoas que demonstram real interesse em suas narrativas.

Para finalizar, trago uma frase que tenho como um mantra e que tem guiado meus passos por toda minha trajetória:

"Eu gosto do impossível porque lá a concorrência é menor".
Frank Sinatra

À Frente do Jurídico: Estratégias e Inovações na Gestão de Departamentos Jurídicos Empresariais

Gabriela Paciello de Oliveira Bock

LINKEDIN

Executiva com 16 anos de experiência em Gestão Jurídica e Legal Operations. Mestre em Gestão Empresarial. Membro da Comissão de Gestão Jurídica da OAB/RJ. Sócia administradora do Escritório Paciello Bock Advogados. Professora. Palestrante. Autora da dissertação de mestrado e do artigo: "A transição de carreira de advogado(a) para gestor(a): um estudo com profissionais de departamentos jurídicos de empresas". Coautora dos artigos "Transformação digital na área jurídica – um estudo sobre os impactos causados pela inovação tecnológica", publicado no Migalhas em 09/02/2022, e "Gestão de Departamentos Jurídicos de Entidades Fechadas de Previdência Complementar e utilização de novas tecnologias", publicado na ABRAPP. Mãe de pet, esposa, "boadrasta", filha única.

Quando ingressei na faculdade de Direito em 1993, um professor questionou a cada um dos alunos o que nos motivou a escolher o curso de Direito e qual era nosso maior objetivo com essa formação acadêmica. Me lembro bem que fui a última das alunas a respondê-lo e disse que meu objetivo era me tornar juíza de Direito e que, se para isso fosse necessário fazer faculdade de Medicina, eu faria. Sim, eu acreditava que o mais belo da profissão e talvez a única coisa que valia a pena seria o "poder" de "julgar" e de "fazer justiça".

Como eu, muitos estudantes de Direito sonhavam com a magistratura, não por ser uma carreira pública, mas por uma idealização do cargo e suas funções. Outros alunos pretendiam seguir a carreira do pai, do avô (normalmente eram referências masculinas. Nunca escutei na turma a frase "quero seguir a carreira da minha mãe ou da minha avó", no início dos anos 90). Havia também aqueles alunos que pretendiam fazer concurso público almejando a tão sonhada estabilidade e remuneração atrativa, uma vez que os concursos que exigem formação em Direito costumam ser os que melhor remuneram, sem, contudo, ambicionar um determinado cargo, como àqueles que pretendiam ser juízes.

Formei-me em Direito no mês de julho de 1998. Por questões financeiras, ao longo dos cinco anos de graduação fui deixando de lado o sonho da magistratura. Precisei dedicar-me aos estágios, arrumar um emprego e ganhar meu próprio dinheiro para ajudar no sustento da faculdade e dos meus desejos pessoais. Vendi sanduíche natural nos corredores da faculdade, assim como bombons de chocolate feitos por mim em lindas caixas forradas artesanalmente durante as madrugadas com a ajuda do meu pai, ministrava aulas particulares de português para crianças do ensino fundamental e adolescentes do ensino médio (ali eu já percebi que levava jeito para o negócio, pois gostava muito de ensinar, de passar conhecimento e presenciar a evolução daquele jovem). Meu primeiro emprego, ainda na faculdade, foi de assistente administrativo numa operadora de saúde. Depois num curso de idiomas, até que me formei, passei na prova da OAB/RJ em dezembro do mesmo ano e consegui um emprego como advogada na maior empresa de telecomunicações do Brasil à época, em 2001.

A partir daí descrevo a história de como superei alguns desafios ao estruturar departamentos jurídicos "do zero", ou ainda, de implementar uma área de gestão jurídica dentro de um departamento jurídico de empresa, ações que poderão ser úteis para profissionais que almejam transitar para a carreira de gestão e aplicar ferramentas que aprendi na prática, com muitas tentativas e erros e, após, através dos cursos especializados de pós-graduação e mestrado executivo em gestão empresarial que serviram para meu aperfeiçoamento técnico no tema.

Trabalhar como advogada em empresa: o que significava isso? Pouco se falava sobre essa possibilidade de carreira há 26 anos, quando saí da faculdade. Quais as atribuições de uma advogada de escritório e de uma advogada corporativa? Como ascender numa empresa? Quais os atributos competitivos de uma profissional dentro de uma empresa, que a destacará dos demais? A partir desse momento profissional, escutei, observei, almejei, vivenciei e aprendi sobre "Gestão", tema que abordaremos neste capítulo, trazendo para a prática algumas ferramentas de gestão para facilitar a vida de novos gestores.

Convido você para embarcar nesta aventura!

Gestão de Departamentos Jurídicos

A gestão eficaz de departamentos jurídicos em empresas é fundamental para o sucesso organizacional nos complexos ambientes empresariais modernos. Minha proposta aqui é explorar algumas das estratégias-chave, práticas de sucesso e os benefícios tangíveis e intangíveis associados à gestão jurídica. Como mentora e especialista neste campo, compartilharei minha experiência e *insights* para auxiliar outros profissionais do Direito rumo à excelência na gestão jurídica corporativa.

O objetivo principal da gestão de departamentos jurídicos é garantir o alinhamento entre as atividades legais e os objetivos estratégicos da empresa. Este alinhamento não apenas fortalece a conformidade, mas também promove a eficiência operacional, reduz riscos e contribui para a construção de uma cultura organizacional ética e inclusiva. A importância da gestão eficaz é inegável, pois impacta diretamente a sustentabilidade e o crescimento das empresas em um ambiente regulatório cada vez mais complexo e exigente, no qual clientes internos e externos estão cada vez mais conscientes dos seus direitos e deveres, além das novas possibilidades encontradas com utilização de um arsenal de tecnologias aplicáveis ao exercício do Direito e da gestão jurídica.

Práticas e Resultados

Permita-me apresentar um breve roteiro aplicável à gestão de departamentos jurídicos corporativos, de forma a demonstrar que uma abordagem proativa e centrada em valores éticos pode transformar não apenas a função jurídica, mas toda a organização. Ao priorizar a transparência, a diversidade e a inclusão, juntamente com uma eficaz gestão de riscos, o departamento jurídico pode não apenas proteger os interesses da empresa, mas também impulsionar sua inovação e crescimento.

Os 10 Mandamentos para a Gestão Jurídica no Contencioso de Massa

A gestão eficaz de departamentos jurídicos de empresas no setor de contencioso de massa envolve uma série de etapas e práticas para garantir que os recursos sejam alocados de maneira inteligente e que os objetivos estratégicos da empresa sejam alcançados. Aqui está um passo a passo para essa gestão:

1. Definição de Objetivos Estratégicos

- Identifique os objetivos estratégicos do departamento jurídico e alinhe-os com os objetivos gerais da empresa.
- Estabeleça metas claras e mensuráveis para orientar o desempenho do departamento.

2. Análise de Riscos e Demandas

- Realize uma análise detalhada dos riscos jurídicos enfrentados pela empresa no setor de contencioso de massa.
- Avalie as demandas existentes e potenciais, categorizando-as por tipo, urgência e potencial impacto nos negócios.

3. Desenvolvimento de Estratégias

- Desenvolva estratégias para lidar com o contencioso de massa, incluindo a adoção de medidas preventivas e a implementação de processos de resolução eficientes e mensuráveis.
- Considere a possibilidade de negociações, mediações ou arbitragens para resolver disputas de forma mais rápida e econômica.

4. Gestão de Recursos

- Aloque recursos de maneira eficiente, considerando o volume e a complexidade das demandas.

- Avalie a necessidade de contratação de advogados externos e/ou uso de tecnologia para aumentar a eficiência operacional.

5. Implementação de Tecnologia

- Utilize sistemas de gerenciamento de casos e *software* jurídico para automatizar tarefas rotineiras, acompanhar o progresso dos processos e gerar relatórios analíticos.

- Considere o uso de inteligência artificial e análise de dados para prever tendências e identificar oportunidades de melhoria.

6. Gestão de Pessoas

- Estabeleça uma equipe jurídica capacitada, multidisciplinar e motivada, com habilidades adequadas para lidar com o volume de contencioso de massa.

- Promova o desenvolvimento profissional e ofereça treinamentos específicos para lidar com as demandas do setor.

7. Monitoramento e Avaliação

- Estabeleça indicadores-chave de desempenho (KPIs) para monitorar o progresso em direção aos objetivos estratégicos.

- Realize avaliações regulares do desempenho do departamento e ajuste as estratégias conforme necessário.

8. Comunicação e Colaboração

- Promova uma comunicação aberta e colaborativa dentro do departamento jurídico e com outras áreas da empresa.

- Estabeleça canais eficazes de comunicação com advogados externos, clientes e partes interessadas, reforçando a matriz de responsabilidades de cada uma das partes.

9. Gestão de Custos

- Implemente práticas de controle de custos para garantir que os recursos sejam utilizados de maneira eficiente e econômica.

- Considere a terceirização de determinadas atividades ou a negociação de acordos de honorários com escritórios de advocacia externos.

10. Adaptação Contínua

- Esteja preparado para adaptar as estratégias e práticas conforme o ambiente jurídico e a evolução dos negócios da empresa.

- Aprenda com experiências passadas, procure fazer *benchmarking* com outras empresas e busque constantemente oportunidades de melhoria.

Seguindo esses passos, é possível promover uma gestão eficaz do departamento jurídico em um contexto de contencioso de massa, contribuindo para a proteção dos interesses da empresa e o alcance de seus objetivos estratégicos. Importante adequá-los à realidade financeira do departamento jurídico, planejando-se para respeitar o *budget* da área e estabelecer priorizações e plano de ação para atingir seus objetivos.

Receita de Sucesso

Minha receita de sucesso neste campo reside na combinação de liderança visionária, cultura organizacional sólida e uma abordagem estratégica holística. Ao liderar com integridade e valores éticos, promovendo uma cultura de respeito e inclusão e adotando uma visão de longo prazo, é possível transformar desafios jurídicos em oportunidades para crescimento e excelência.

Essa jornada de sucesso foi impulsionada por uma série de práticas sólidas. A implementação de políticas de ética rigorosas fortaleceu a reputação das empresas. Ao mesmo tempo, o compromisso com a diversidade e a inclusão não apenas refletiu os valores das empresas, mas também enriqueceu a tomada de decisões e a criatividade organizacional. A transparência em todas as operações proporcionou confiança aos *stakeholders* e mitigou potenciais crises. Por fim, uma gestão de riscos proativa permitiu às empresas anteciparem e enfrentarem desafios legais de forma eficaz, preservando seus recursos e reputação.

Contribuições dos "10 mandamentos" implementados

O sucesso do roteiro aplicado para a gestão jurídica do contencioso de massa não apenas ilustra a eficácia das práticas de gestão jurídica, mas também oferece valiosas lições e *insights* para outros profissionais da área. Ao destacar a importância da ética nos negócios, da diversidade, inclusão, transparência, utilização de tecnologias e ao demonstrar os benefícios tangíveis dessas abordagens, aplicando os "10 mandamentos para a gestão jurídica do contencioso de massa" é um convite a uma reflexão profunda sobre como a gestão jurídica pode impulsionar o sucesso empresarial, reduzindo custos, gerando *savings* e, acima de tudo, alocando os profissionais certos para a realização de atividades compatíveis com suas competências, valorizando seus *hard* e *soft skills*.

Benefícios da Gestão Jurídica Corporativa

Os benefícios da gestão jurídica eficaz vão além da defesa dos interesses das empresas ou da sua imagem. Empresas que adotam uma abordagem proativa e estratégica para a gestão jurídica experimentam ganhos financeiros substanciais, graças à redução de litígios e multas, bem como à maximização de oportunidades de negócios. Além disso, essas empresas desfrutam de uma imagem de marca mais forte e de uma vantagem competitiva significativa, atraindo investidores, clientes e talentos de alta qualidade. A melhoria da eficiência operacional e a redução de riscos adicionam valor duradouro ao negócio, garantindo sua resiliência e crescimento sustentável.

Conclusão

Em resumo, a gestão eficaz de departamentos jurídicos corporativos é essencial para o sucesso empresarial no cenário atual. Ao priorizar a ética nos negócios, a diversidade, inclusão e transparência e adoção de uma abordagem estratégica e proativa para a gestão de riscos, as empresas podem não apenas cumprir suas obrigações legais, mas também impulsionar o crescimento, a inovação e a sustentabilidade. Como mentora e especialista neste campo, encorajo outros profissionais a abraçarem esses princípios e práticas, capacitando-os a construir organizações mais resilientes, éticas e bem-sucedidas.

Para o exercício da advocacia corporativa, além do conhecimento técnico, os profissionais devem possuir outras habilidades, de forma a contribuir para a missão, valores e propósito das organizações. O profissional que almeja ascensão de carreira no ambiente corporativo deverá desenvolver amplas competências profissionais e ser incentivado e capacitado através de abordagens multidisciplinares.

A gestão jurídica do contencioso de massa não é apenas uma necessidade, mas sim um imperativo para o sucesso empresarial no século XXI e só alcançará seu objetivo através da provocação para mudanças de cultura organizacional e *mindset* dos advogados, de forma que as operações jurídicas sejam valorizadas tanto quanto a técnica jurídica, cada qual com seu papel para o desenvolvimento de processos internos que mitiguem riscos, resguardem as lideranças e a empresa como um todo, possibilitem o fortalecimento da imagem da empresa perante os órgãos públicos e clientes e, adicionalmente, não menos importante, a adoção de práticas de sustentabilidade que beneficiarão toda a sociedade.

"A CULTURA COME A ESTRATÉGIA NO CAFÉ DA MANHÃ."
Peter Drucker

Processo de Recuperação Judicial sob a ótica do credor

Kelly Bernadete Pinheiro

LINKEDIN

Sócia-Diretora da Eckermann | Yaegashi | Santos - Sociedade de Advogados, diretora das equipes de Ações Passivas e atuante nas áreas do Direito Civil, Empresarial e do Consumidor.

Possui três especializações na Fundação Getulio Vargas (FGV): Direito Bancário; Direito do Consumidor; e Recuperação Judicial e Falência.

Graduada em Direito pela Universidade São Francisco e pós-graduada em Processo Civil pela PUC/São Paulo e em Direito Empresarial, também pela FGV.

É membro da IWIRC Brazil (International Women's Insolvency & Restructuring Confereration) e do IBAJUD (Instituto Brasileiro de Administração Judicial).

O objetivo deste trabalho não é esgotar o tema, até mesmo porque para isso precisaríamos de muito mais que um capítulo para discorrer sobre todos os anseios e desafios enfrentados pelos credores e seus advogados quando se deparam com a notícia de que um de seus devedores ajuizou pedido de Recuperação Judicial, mas tão somente compartilhar um pouco das experiências obtidas e tentar, ainda que minimamente, quebrar o estigma de que tais processos são tão complexos de compreender e atuar.

Normalmente, ao se deparar com a intimação ou com o edital que dá publicidade ao deferimento do processamento do pedido de recuperação judicial de um de seus devedores, alguns empresários e até mesmo advogados não sabem por onde começar, inclusive, não possuem sequer consciência da sua importância no processo de recuperação judicial e quanto o seu posicionamento pode ser determinante não só para o recebimento do seu crédito, mas, também, para o soerguimento da Recuperanda.

Eu costumo dizer que a Recuperação Judicial nada mais é do que uma proposta de acordo coletiva e que qualquer pessoa que já tenha participado de uma reunião de condomínio facilmente irá compreender o seu dinamismo.

Pode até parecer simplório o exemplo, mas de fato é simples. O que costuma deixar alguns advogados mais apreensivos é a quantidade de partes envolvidas em uma mesma ação, as inúmeras manifestações protocoladas, e até mesmo o tamanho de alguns processos, que costumam passar de milhares de páginas.

Tudo se inicia quando a empresa, a qual passaremos a chamar de Recuperanda, conclui que já não é capaz de liquidar o seu passivo e continuar exercendo a sua atividade econômica, principalmente, pelo fato de este passivo impossibilitá-la de obter crédito no mercado e seus credores passarem a ajuizar ações, buscando a satisfação de seus créditos, com a consequente penhora e expropriação de bens da Recuperanda.

Diante deste cenário, pautada em avaliações e orientações jurídicas e contábeis, esta empresa distribuiu um processo buscando o deferimento do seu pedido de Recuperação Judicial.

Neste pedido, a empresa irá indicar a um juiz todo o ativo e todo passivo que possui até aquela data, além de demonstrar que a crise em que se encontra é transitória e que, superada, esta poderá permanecer exercendo sua atividade e cumprindo sua função social.

Ao se deparar com o pedido, o juiz irá analisar se todos os requisitos para o deferimento estão presentes, se julgar necessário, poderá, inclusive, requisitar a realização de constatação prévia e, concluído que todos os requisitos foram preenchidos, irá deferir o processamento do pedido de recuperação e nomear um administrador judicial.

Na sequência será publicado um edital:

a) Dando publicidade ao deferimento do pedido e aos dados do administrador judicial nomeado;

b) Suspendendo o processamento das execuções em curso;

c) Abrindo prazo aos credores, para que estes confirmem se aquele valor que a empresa indicou como devedora procede ou se, eventualmente, existe algum credor que não fora relacionado pela Recuperanda.

Com a publicação do edital, abre-se um prazo de 15 dias para que os credores apresentem, de forma administrativa, ao administrador judicial, eventuais objeções aos créditos relacionados pela empresa em Recuperação.

Entretanto, neste momento é que começam as "confusões", as únicas petições que deveriam ser protocoladas nos autos pelos credores deveriam ser os pedidos de habilitação para o recebimento de publicação ou petição informando sobre eventual interposição de agravo de instrumento em face da decisão que deferiu o processamento da recuperação. Contudo, muitos passaram a querer discutir o valor de seus créditos nos autos, causando um enorme transtorno e até mesmo retardando a marcha processual.

De acordo com a legislação atual, estão sujeitos a recuperação judicial todos os créditos existentes até a data em que protocolado o pedido de recuperação, ainda que não vencidos. Todavia, por força de lei, há alguns créditos que são considerados extraconcursais, e que, portanto, não estão sujeitos a pedido de recuperação judicial, como os de natureza fiscal, garantidos por alienação fiduciária e por cláusula de reserva de domínio, de arrendador mercantil, de vendedor de imóvel em contratos irrevogáveis e irretratáveis e de adiantamento a contrato de câmbio por exportação.

O questionamento então que surge é, bom, se o credor não deve insurgir ao feito para discutir o seu crédito neste momento, então, o que ele precisa fazer? Ele deve apenas entrar em contato com o administrador judicial, mediante apresentação de divergência ou habilitação de crédito, para dizer que o crédito indicado na verdade está errado ou que tem crédito que não foi indicado, enviar os documentos que lastreiam o referido crédito e aguardar.

Mas, e se o crédito estiver correto? Ou seja, se o valor e a classe que a empresa/Recuperanda indicou procederem? Pois bem, então o credor, neste momento, não precisa fazer absolutamente nada, apenas aguardar a publicação do 2º edital onde constar a relação dos créditos auditados pelo administrador judicial.

Publicado o primeiro edital, o administrador judicial fará uma espécie de auditoria dos créditos indicados pela empresa em Recuperação, para poder afirmar ao juiz se tais dados procedem ou não, portanto, apenas as divergências e a existência de eventuais créditos não indicados pela Recuperanda devem ser apontadas.

Concluída a auditoria, o administrador judicial irá apresentar uma nova relação de credores, a qual também será publicada em edital. Somente após a publicação deste segundo edital os credores devem, se necessário, insurgir judicialmente, mediante a distribuição de pedido de impugnação ou habilitação de crédito, na hipótese de, ainda, se depararem com alguma divergência.

O pedido de habilitação ou impugnação de crédito deve ser elaboradora por meio de petição, devidamente assinada por advogado, instruído com todos os documentos necessários que lastreiam aquele valor e tanto o administrador judicial, como a empresa em recuperação, serão intimados a se manifestarem para que o juiz, após ouvir todos os envolvidos, diga se o valor deve constar da relação de credores ou não, e em qual classe.

Contudo, cabe esclarecer que, atualmente, nos deparamos com uma enorme litigiosidade no início do processamento da recuperação judicial, pois infelizmente há algumas situações de pedido de recuperação judicial simulado ou fraudulento, fazendo com que muitos credores insurjam já no início do processamento da ação, demonstrando tais ocorrências, o que acaba tornando o procedimento um pouco mais complicado.

De todo modo, com exceção da hipótese retromencionada, neste ínterim, a empresa que distribuiu o pedido de recuperação judicial deve apresentar o seu plano de recuperação, que nada mais é do que a proposta de como pretende pagar todos os seus credores.

No plano de recuperação devem constar prazo de pagamento, se será aplicado algum deságio, como o valor será corrigido, se o pagamento será realizado de forma parcelada, se existe alguma forma diferenciada de pagamento para aqueles credores fornecedores e apoiadores que se comprometeram em manter uma linha de crédito com a Recuperanda a fim de auxiliá-la no seu processo de soerguimento, se será vendido algum bem específico para levantar caixa para pagamento dos credores, em quanto tempo este bem deverá ser alienado, em quais condições, etc.

Há, também, a hipótese, por meio do instituto da consolidação substancial, que empresas do mesmo grupo econômico agrupem todo o seu ativo e passivo para que possam honrar os seus compromissos.

Vejam que se trata de uma proposta de "acordo coletivo", no qual a empresa chama todos os seus credores, deixa todos cientes de quanto vale todo o seu ativo, quanto ela deve para cada um deles e propõe um plano de pagamento.

Apresentado o plano de recuperação judicial, os credores serão intimados a se manifestarem, momento em que devem peticionar nos autos esclarecendo se concordam com as condições ou não.

Importante consignar que o plano não pode prever condições diferentes de pagamento para os credores de uma mesma classe, com exceção dos credores classificados como apoiadores ou fornecedores que se comprometerem, de alguma forma, a auxiliar a Recuperanda no seu processo de soerguimento.

Havendo discordâncias, que podem ser tanto quanto aos aspectos jurídicos, econômicos ou financeiros, será designada uma Assembleia Geral, onde todos os credores serão convocados para que possam discutir as condições apresentadas pela Recuperanda e deliberarem se as aprovam ou não.

No edital de intimação para a AGC (Assembleia Geral de Credores) será designada uma data correspondente à primeira convocação e uma outra data para segunda convocação, pois, não havendo quórum mínimo na primeira, a Assembleia será realizada na data da segunda, composta por quatro classes:

1. Credores trabalhistas;
2. Credores com garantia Real;
3. Credores quirografários (sem garantia);
4. Credores pequenas e microempresas.

Para que o plano seja aprovado, a lei exige:

a) Para as classes quirografária e com garantia real, aprovação dos credores que representem mais da metade do valor total dos créditos presentes à assembleia e, cumulativamente, pela maioria simples dos credores presentes;

b) Para as classes trabalhista e de pequenas e microempresas, aprovação pela maioria dos presentes, independentemente do valor do crédito.

Sendo aprovado o plano, os autos serão encaminhados ao Juiz, para que este verifique se as condições estão ordenadas a nosso ordenamento jurídico e se todos os critérios foram devidamente observados, quando então, não encontrada nenhuma irregularidade, irá homologar o ato e conceder a recuperação judicial.

Não sendo aprovado o plano pelos credores, considerando os critérios indicados acima, há a possibilidade de aprovação por quórum alternativo, por meio do instituto chamado *cram down*, em que o juiz, desde que o plano tenha obtido voto favorável de mais da metade dos valores dos créditos presentes em AGC, aprovação por no mínimo três classes e aprovação de mais de um terço da classe que o reprovou, pode homologá-lo.

Há, ainda, a possibilidade de os próprios credores apresentarem um plano alternativo de recuperação, o qual, da mesma forma, será submetido à aprovação por uma nova Assembleia Geral de Credores.

Entretanto, não sendo homologado em nenhuma das situações retromencionadas, o juiz deverá decretar a falência da empresa que pediu a Recuperação.

Da decisão que homologa o plano de Recuperação, bem como da decisão que decreta a falência da empresa, cabe agravo de instrumento.

Sendo concedida a Recuperação, haverá novação das dívidas submetidas a processo de Recuperação, podendo o juiz fiscalizar o cumprimento do plano por dois anos.

Na hipótese de descumprimento do plano dentro do período de fiscalização, a Recuperação poderá ser convertida em falência, contudo, se o descumprimento ocorrer após o período de fiscalização, o credor poderá distribuir cumprimento de sentença a fim de buscar a satisfação de seu crédito ou, até mesmo, ajuizar uma nova ação com pedido de falência da Recuperanda.

Outro ponto importante a esclarecer é que, eventualmente pode ocorrer que algum credor não tenha o seu crédito relacionado na Recuperação Judicial, seja por desatenção da própria Recuperanda ou até mesmo do credor, que acaba não tomando conhecimento da tramitação do pedido, ou que voluntariamente opta por indicar o seu crédito.

De todo modo, se o seu crédito for considerado concursal, este estará sujeito às condições previstas no plano de recuperação judicial aprovado e homologado, sofrendo todos os efeitos da novação, ainda que passível de execução individual a ser ajuizada após o encerramento da Recuperação.

De acordo com o ministro Salomão, ao julgar o REsp 1.851.692, "o credor que não tenha sido incluído no plano e que tenha optado por não se habilitar de forma retardatária, sem interesse em participar do conclave pela execução individual, deverá aguardar o encerramento da Recuperação Judicial (**artigo 63 da LREF**), assumindo todas as consequências jurídicas (processuais e materiais) de sua escolha", portanto, o seu crédito, inclusive, estará sujeito à prescrição.

Destarte, sem sombra de dúvidas, todos os credores, indistintamente, deveriam ter interesse em acompanhar e participar do pedido de recuperação de qualquer um dos seus devedores, para que possam deliberar e ajudar a decidir quanto à manutenção da atividade econômica da empresa em crise e das condições de recebimento do seu crédito.

Em que pese o pedido de Recuperação Judicial se tratar de procedimento especial, e como tido anteriormente, por vezes assustar as partes ou até mesmo alguns advogados que se deparam pela primeira vez com o procedimento, espero ter demonstrado que ele não é tão complexo e que a participação de todos os interessados é imprescindível para que haja a devida aplicação da justiça que visa estabelecer limites à liberdade individual para que possa se manter viva a própria sociedade, não colocando jamais a satisfação de interesses particulares acima dos interesses de toda a sociedade em que o indivíduo é inserido.

Assembleia de Condomínio

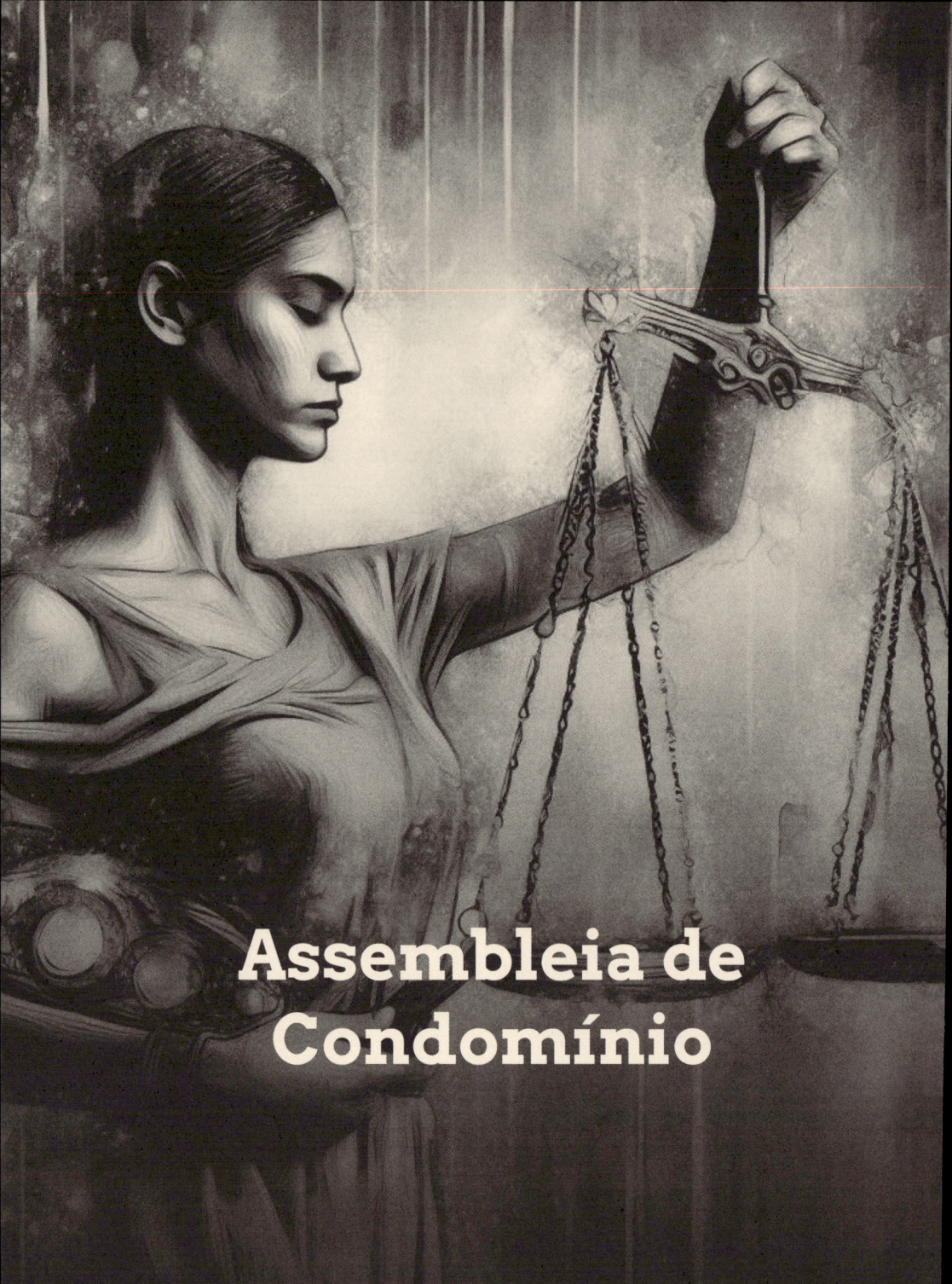

Lidiane Genske

INSTAGRAM

Sócia-proprietária do Genske Advogados, escritório especializado em Direito Condominial, Imobiliário e Trabalhista Empresarial. Possui experiência de 25 anos na área imobiliária condominial. É pós-graduanda em Direito Civil e Processo Civil na Escola Paulista de Direito e faz MBA em Liderança, Gestão de Equipes e Produtividade na PUC/RS. Desde o seu primeiro estágio no segundo ano da faculdade já começou a trabalhar com condomínios e se apaixonou. Sua missão é melhorar a vida dos síndicos, condôminos, e trabalhar para que os condomínios sejam lugares melhores para viver, com mais harmonia, bom senso, paz e solidariedade. Ama viajar com a família, praticar atividades físicas e auxiliar mulheres através de projetos sociais.

Atualmente os condomínios edilícios, como são chamados pelo Código Civil os condomínios de edifícios e de casas, têm uma grande importância no cenário do Direito. Mas não foi sempre assim. A matéria nem era estudada na maioria das faculdades.

O cenário foi mudando com a entrada em vigor do atual Código Civil em 2003 e com o aumento expressivo do número de condomínios por todo o Brasil. Hoje em dia, as demandas provenientes dos condomínios e das suas relações jurídicas, obrigações, direitos e funcionários são muitas, e exigem do advogado e dos profissionais que trabalham na área um conhecimento multidisciplinar.

Apesar disso, o condomínio não tem personalidade jurídica. A doutrina e a jurisprudência vêm consolidando o entendimento de que o condomínio é uma pessoa jurídica, tendo em vista que sim, contrai muitos direitos e obrigações.

O PL 3.461/19, o qual prevê a possibilidade de o condomínio edilício adquirir personalidade jurídica, inclusive foi aprovado no Senado e remetido à Câmara.

No meio desse turbilhão de pessoas, relações, alegrias e problemas, há um momento em que os assuntos mais importantes são discutidos e os condôminos têm a oportunidade de opinar e votar. É a assembleia geral. Para mim, esse é o momento mais importante da vida condominial.

Por isso, meu objetivo neste capítulo é compartilhar experiências e trazer orientações, sugestões e dicas que aprendi nesses mais de 20 anos prestando consultoria jurídica aos condomínios e participando das assembleias, para que você, profissional do Direito, assessore e oriente o seu cliente de forma que as assembleias cumpram todas as exigências legais, ocorram de forma tranquila e alcancem o resultado esperado pelo cliente.

O representante legal do condomínio é o síndico. Ele faz a gestão e toma as decisões do dia a dia, que são compartilhadas com o conselho fiscal e/ou consultivo. Mas as grandes decisões, alterações e definição de rumos a seguir são tomadas nas assembleias.

Oficialmente, a assembleia acontece no dia e hora marcados. No entanto, a assembleia não é só aquele momento. Aquele é o auge. Mas há providências que devem ser tomadas antes, durante e depois da assembleia para que ela cumpra as normas previstas na lei e na convenção.

E é aí que entra o bom advogado. O papel dele é orientar o cliente sobre essas normas e acompanhar os procedimentos para garantir que a assembleia ocorra com segurança jurídica e que as decisões lá tomadas tenham as condições necessárias para serem colocadas em prática pela gestão.

Vamos para a prática então. O síndico de um condomínio de 400 unidades chegou ao seu escritório porque quer contratá-lo para prestar assessoria jurídica para uma assembleia que vai discutir a substituição de uma pista de *skate* por um *pet place*.

Após a apresentação dos fatos e dos anseios do cliente, inicia o seu trabalho de assessoria e consultoria, o qual deverá seguir as seguintes etapas:

1) Análise da lei, convenção, regulamento interno e outros eventuais documentos pertinentes;

2) Orientações sobre a elaboração do edital, formalidades para a convocação e realização da assembleia;

3) Assessoria durante a assembleia;

4) Consultoria para elaboração da ata.

Análise da lei, convenção, regulamento interno e outros eventuais documentos pertinentes

Assim como no Brasil, no condomínio há uma hierarquia interna de normas. A lei maior do condomínio é a convenção. Após ela, vem o regulamento interno e depois as decisões tomadas em assembleia, que são registradas nas respectivas atas.

Assim, a análise de qualquer tema vai requerer do advogado, além do conhecimento das leis complementares, Código Civil, decretos, um profundo estudo da convenção e do regulamento interno.

O caso trazido pelo cliente é a substituição da pista de *skate* por um *pet place*. E o síndico e o conselho estão sendo pressionados a aprovar essa alteração.

Primeira providência: analisar o Código Civil. Nele, você verá que o artigo 1.351 prevê que a mudança de destinação de área depende da aprovação de 2/3 do total dos condôminos.

Até 2022, o Código Civil exigia unanimidade de votos para essa alteração. Veja a importância de o advogado estar sempre antenado, estudar e consultar uma legislação atualizada. Já vi muita gente passando informação errada e desatualizada por não acompanhar as atualizações de sua área.

Após a análise do Código Civil, você deve consultar a convenção. Se o condomínio for um empreendimento novo, pode ser que a convenção já traga a regra nova do quórum de 2/3 para mudança de destinação. Se não, ela provavelmente vai falar de unanimidade. Mas o Código Civil é lei maior, então, a norma nele contida prevalece.

Sendo assim, você já tem o primeiro desafio da assembleia: um quórum específico, que é diferente da maioria dos presentes. Quem já trabalha com condomínio ou mora em um sabe que participar de uma assembleia não é o programa favorito da maioria das pessoas. O percentual dos que participam é sempre baixo.

Então, como você deve orientar o seu cliente para viabilizar uma aprovação de pelo menos 2/3 do total dos condôminos?

Vou lhe dar uma boa notícia. Após 2022, conseguir quóruns especiais ficou mais fácil.

A Lei nº 14.309/22 alterou o Código Civil para permitir a realização de assembleias virtuais pelos condomínios. Mas não só isso. Trouxe uma novidade que auxilia muito na obtenção de quóruns especiais. A assembleia permanente.

O parágrafo 1º do artigo 1.353 dispõe que quando a deliberação exigir quórum especial e esse não for alcançado durante a assembleia, ela poderá autorizar o presidente a converter a reunião em sessão permanente, desde que cumpra alguns requisitos sobre os quais falaremos adiante.

Orientações sobre a elaboração do edital, formalidades para a convocação e realização da assembleia

É essencial que você, como advogado contratado com o objetivo de ter êxito na alteração de destinação da área, oriente o cliente de forma minuciosa sobre todas as formalidades que envolvem uma assembleia, desde a elaboração do edital até a redação e registro da ata.

O artigo 1.354-A do Código Civil prevê que a convocação, a realização e a votação de quaisquer modalidades de assembleia podem ocorrer de forma eletrônica, desde que esse formato não seja proibido pela convenção e que sejam atendidos todos os requisitos da convenção para uma assembleia presencial.

O que eu tenho visto na prática é que as assembleias virtuais costumam ter maior participação do que as presenciais. E nem todas as administradoras e/ou condomínios possuem uma boa estrutura para a realização de assembleias híbridas.

Como o item em pauta necessita de um quórum grande para aprovação, neste caso eu sugiro que você oriente o cliente a fazer uma assembleia em ambiente virtual e ao vivo. Importante você confirmar se a administradora dispõe de tecnologia para isso. Caso contrário, não há problema em realizar a assembleia de forma presencial.

Decidido, juntamente com o síndico, que o melhor formato de assembleia para o seu cliente é o virtual, você inicia a análise das formalidades e documentos.

1) Edital

O edital de convocação é o convite para a assembleia. Nele devem constar todas as informações exigidas pela lei e pela convenção para que os condôminos tenham ciência de forma antecipada sobre o que será deliberado.

Normalmente, é a administradora que elabora o edital. Peça para o síndico lhe enviar o edital antes de ele ser encaminhado aos condôminos para que você verifique se está tudo certo.

As informações que devem constar no edital são:

– dia e hora. Normalmente o intervalo entre a primeira e a segunda convocação é de 30 minutos. Você deve consultar a convenção, pois essa informação estará lá;

– formato eletrônico, instruções sobre o acesso, forma de votação e de manifestação (§1º do art. 1.354-A, § 1º CC);

– pauta específica do assunto a ser tratado, inclusive com a informação de que o quórum mínimo para a aprovação é de 2/3;

– possibilidade de transformação da assembleia em permanente;

– proibição de participação e votação de inadimplentes.

2) Formalidades para convocação

O edital deverá ser enviado para todos os condôminos, sob pena de nulidade da votação (art. 1354, CC.). O envio poderá ser feito de forma física ou eletrônica, desde que a convenção não proíba.

A convenção informa qual o prazo de antecedência em que o edital deverá ser enviado. Normalmente, é de oito a dez dias. Esse prazo deve ser obrigatoriamente atendido, sob pena de gerar a nulidade da assembleia e da votação.

3) Formalidades para a realização da assembleia

Como a votação da alteração da área da pista de *skate* pelo *pet place* necessita de quórum de 2/3 para aprovação, essa assembleia sempre deverá iniciar-se no horário previsto para a segunda chamada, conforme determinam os artigos 1.352 e 1.353 do Código Civil.

Todos os presentes terão o direito de se manifestar, debater e votar (art. 1.354-A, II, CC).

Importante ressaltar que a administração do condomínio não será responsabilizada pelos problemas técnicos que eventualmente os condôminos enfrentem para acessar o ambiente virtual da assembleia (art. 1.354-A, § 2º, CC).

A assembleia deverá começar pontualmente no horário marcado para a segunda chamada. A primeira providência é a eleição do presidente. A convenção traz alguns requisitos para essa eleição, por exemplo, o impedimento de o síndico exercer essa função. Por isso, você deve consultar a convenção para ficar atento às exigências.

O próximo item é a eleição do secretário. Ele é quem redige a ata. É comum que o representante da administradora faça esse papel.

O presidente faz a leitura da pauta e a assembleia se inicia. O síndico deve explicar de forma detalhada os motivos que o levaram a trazer o tema para discussão, bem como mostrar projetos e apresentar orçamentos.

Você deverá dar o suporte jurídico e explicar o motivo pelo qual a alteração da área deve ter a concordância de pelo menos 2/3 do total dos condôminos. Importante verificar na convenção se o voto é por fração ideal ou por unidade.

Caso o quórum não seja alcançado naquela ocasião, o presidente deve perguntar para a assembleia se pode convertê-la em permanente, e a maioria dos presentes decidirá se sim ou não.

Convertida a assembleia em permanente, surgem mais algumas premissas que deverão ser cumpridas (art. 1.353, CC):

– a data (no máximo 60 dias após) e a hora da próxima assembleia deverão ser decididas nessa primeira assembleia;

– deverá ficar claro para os presentes qual o tema que será objeto da assembleia permanente e qual o quórum necessário para a sua aprovação;

– os presentes sairão convocados e os ausentes deverão ser convocados conforme determina a convenção (eu sempre sugiro convocar todos novamente);

– deverá ser elaborada uma ata dessa assembleia relatando o que foi tratado e ela será enviada para todos os condôminos;

- outra ata será feita na próxima assembleia para consolidar as informações;

- os votos da primeira assembleia serão computados e os condôminos não precisarão votar novamente. Mas eles podem alterar o voto até o fim da sessão permanente;

- a assembleia permanente poderá ser prorrogada por quantas vezes for necessário, mas desde que não ultrapasse o prazo total de 90 dias.

Assessoria durante a assembleia

Uma parte muito importante da consultoria contratada é a sua participação e assessoria durante a assembleia.

Como já participei de centenas de assembleias, compartilho aqui com vocês algumas dicas que eu sei que auxiliam o síndico, os condôminos e, consequentemente, resultam na satisfação do cliente em relação ao seu trabalho:

- no dia da assembleia faça contato com o síndico e confirme se está tudo certo, e se ele tem alguma dúvida;

- acesse o ambiente virtual ou chegue no local na hora designada para a primeira chamada ou antes, assim, se você tiver algum contratempo técnico ou o síndico precisar de algo, você terá tempo para resolver;

- esclareça ao síndico que você está lá para dar suporte e auxiliar para que tudo ocorra da forma correta e legal. Assim, deixe-o à vontade para acioná-lo quando precisar;

- tenha sempre em mãos a convenção e o regulamento interno;

- solicite ao síndico ou ao administrador que informe que você está presente para auxiliar juridicamente, assim, saberão quem você é quando se manifestar;

– fique atento aos comentários, sugestões, afirmações e não hesite em se manifestar para desfazer um mal-entendido, explicar algo, corrigir uma afirmação errada, etc.

– sua linguagem deve ser clara e simples. Não adianta só falar "juridiquês" e não ser entendido. Não é isso que vai demonstrar o seu conhecimento. Você vai mostrar que sabe do que está falando quando for claro, firme, pontual e conseguir comunicar o que realmente você quer dizer.

Tomo aqui a liberdade de fazer um parêntese e me dirigir agora somente para as mulheres. E fico mais à vontade ainda para fazê-lo já que este é um livro escrito somente por mulheres.

Infelizmente, pode acontecer de você, mulher, ser desrespeitada por um homem que, por discordar de algo que você fala, por exemplo, se dirija a você de modo desrespeitoso, tentando tirar o crédito do que você falou ou mesmo levantando a voz para você.

Não se deixe intimidar de forma alguma! Respire fundo, não altere a voz e responda com base na lei e nas normas que você sabe que conhece. Se preciso for, manifeste-se exigindo respeito e, se for o caso, diga que não vai mais responder para a pessoa, a menos que ela baixe o tom e se porte de maneira adequada para a ocasião.

Não podemos nos calar e aceitar desrespeito em nenhuma ocasião. Nessa também não.

Consultoria para elaboração da ata

A ata deve conter um resumo do que aconteceu na assembleia. Os pontos mais importantes devem ser relatados.

Peça ao secretário que lhe envie o documento antes do encaminhamento ao presidente, para que você verifique se as questões mais importantes foram redigidas e se a parte jurídica consta relatada da forma correta.

A ata é um documento valioso, pois, além de formalizar o que aconteceu na assembleia, ela servirá de informação para os ausentes e, eventualmente, até de prova em uma ação judicial.

Por fim, oriente o síndico sobre o envio da ata a todos os condôminos no prazo estipulado pela convenção.

Conclusão

Como vocês devem ter percebido, muita coisa pode acontecer em duas, três horas de assembleia. E para a decisão da assembleia ter validade jurídica e prática, muitos detalhes devem ser observados antes, durante e depois.

Por isso, o bom advogado e profissional do Direito deve não só ter conhecimento das leis e normas internas, como saber se posicionar durante a realização da assembleia para assessorar o síndico, tirar as dúvidas dos condôminos e garantir que a decisão lá tomada é válida e poderá ser praticada na vida condominial.

Espero que minhas orientações e dicas aqui compartilhadas sejam valiosas para vocês e que a utilização delas colabore para tornarem-se profissionais diferenciados, referências na área e que atendam com excelência à expectativa de seus clientes.

Negociação sindical – negociando por empresas

Maria Lucia Benhame

Advogada, pela Faculdade de Direito – USP, onde fez pós-graduação lato-sensu em Direito do Trabalho e Previdência Social. Atua há 35 anos na área empresarial, com visão multidisciplinar e estratégica do negócio. Cursos na Faculdade de Direito da FGV de: Liderança Sindical Empresarial; Gestão de Pessoas e Compliance Trabalhista, e M&A. Arbitragem Trabalhista no PACE-AMCHAM. Pesquisadora do Núcleo de Pesquisas CNPQ/PUCRS "Relações de Trabalho e Sindicalismo". Mestranda no Máster Universitario de Derechos Humanos Democracia y Globalización na UOC – Universitat Oberta de Catalunya. Líder do GT de Compliance Trabalhista na Com. de Compliance da OAB/SP. Conselheira na APRES – Ass. Paulista de Relações e Estudos Sindicais. Vice-presidente do Comitê D. do Trabalho na IABA – InterAmerican Bar Association e membro do seu Comitê de Direitos Humanos. Voluntária desde 94 com jovens com deficiência intelectual e autismo, hoje, na APOIE – Associação para Profissionalização e Integração do Excepcional.

Primeiro, o mais importante: mulher faz negociação sindical por empresas?

Na minha experiência, poucas, apesar de ver um número crescente de mulheres nas relações sindicais nos últimos tempos.

Como vim parar aqui?

Desde cedo na faculdade me apaixonei pela área trabalhista e sindical. Muito provavelmente pelos excelentes professores que tive.

Eu comecei na área de assessoria empresarial com foco trabalhista e sindical, no final da década de 1980, sempre como autônoma, nunca trabalhei como empregada. A advocacia era diferente, éramos os "advogados das empresas" apesar de externos, e isso nos permitia conhecer muito bem nossos clientes, suas culturas, atividades, negócios. Por dez anos, desde 1988, tive o escritório com meu pai, e antes, por três anteriores era sua estagiária. Tive sorte (ou ele teve juízo) de não ter nenhuma restrição a nenhuma atividade profissional.

Em meados da década de 1990 fiz uma primeira negociação grande, de mudança de estabelecimento de uma empresa multinacional, que era minha cliente. E daí nunca mais parei.

O cenário mudou?

Pouco.

Normalmente, mesmo pelas empresas, eu costumava ser a única mulher na sala. Mesmo o representante da empresa era sempre um homem. Hoje, já encontro mulheres como minhas clientes, e algumas poucas diretoras sindicais na linha de frente.

Mesmo hoje, se alguém, como eu, gostar da área e quiser fazer negociações, seja como advogada, seja como negociadora ou a responsável pelo setor de relações sindicais em empresas, apesar de já haver alguns cursos de relações sindicais, vai ter poucas possibilidades de aprender antes, na teoria, o que fazer, e vai ter mesmo que descobrir como agir na prática.

Foi como eu aprendi, no dia a dia, fui autodidata, e apesar de ter estudado, devo dizer que poucas vezes as teorias negociais me ajudaram nessa área, porque as relações são muito diferentes e essencialmente conflituosas.

Nossa missão é, dentro de um conflito, que será perene, encontrar um meio-termo.

Neste pequeno texto, tentarei dar um norte inicial a quem quer entrar na área ou ao menos saber como ela é e como agir.

Não vou falar de um caso único, pois como advogada tenho que ter muito cuidado com o sigilo dos clientes. Os fatos que vou narrar ocorreram em diferentes negociações, e em diferentes anos ou décadas, o que permite uma visão de alguns problemas muito importantes que podem ocorrer.

Preparação: conhecendo o terreno

Negociação sindical empresarial é muito de estratégia e de conhecimento do negócio, mas o conhecimento jurídico deve existir para não se negociar algo ilegal, então, se você não tem formação na área jurídica trabalhista, tenha um apoio nessa área.

Há dois tipos de negociação, a de data-base, que é feita pelos sindicatos patronal e profissional, em que, estando pela empresa, você poderá influir nas assembleias, que devem ser regulares. Muitas entidades sindicais, infelizmente, só permitem que sócios participem de tais reuniões, o que é um erro, mas não assunto para este artigo.

Outra forma negocial são os acordos coletivos, negociados diretamente entre empresas e os sindicatos que representam seus trabalhadores, sim, no plural, você pode ter que lidar com vários, não só em locais diferentes, mas mesmo em um mesmo local.

É desse caso que vamos falar.

E seu primeiro passo é conhecer aonde você pisa. Isso é importante, seja para negociar uma pauta apresentada por empregados, seja uma pauta da própria empresa a ser levada a eles e ao sindicato profissional que os representa.

Observo que as empresas pouco têm o hábito de criar as próprias pautas, o que mostra a pouca importância que dão ao tema.

Conheça a realidade empresarial, investigue a situação, se não tiver já dados fortes, ou não estiver com alguém que participará das reuniões e os terá.

Sempre analise qualquer pauta do ponto de vista estratégico e legal. Cuidado com pautas com objetos ilegais, o acordo será nulo. Lembre-se: não é porque está em um acordo coletivo que é norma válida. Investigue.

Verifique o cenário a ser negociado, há muito conflito? Há risco de greve? A empresa está preparada para uma greve? Temos planos alternativos? Se houver greve, tenho já uma estratégia, não só jurídica, mas negocial para seguir?

No cenário negocial é importante verificar a aderência dos empregados da empresa à pauta negociada. A pauta foi apresentada pelo sindicato profissional? Os empregados conhecem o cenário negocial?

É importante que a empresa, com o cuidado de não ter nenhuma atitude antissindical, apresente a sua visão da pauta, e pesquise essa aderência nos seus empregados. No entanto, o resultado da pesquisa e de conversas internas só será real se houver transparência e confiança entre empresa e empregados. Por isso, a comunicação interna é muito importante.

Em uma negociação há mais de 20 anos, com um sindicato com fama de nada negociar, conseguimos passar um acordo de PLR porque havia comunicação interna, e os próprios empregados, junto com o RH, criaram a formatação do programa. Nesse caso, não havia como o sindicato se recusar a negociar.

Cheque os dados iniciais do seu "cliente", mesmo interno, antes de iniciar a negociação. Eu já tive negociação prejudicada porque a empresa partiu de dados errados, ou seja, quem decidia recebeu um cenário melhor do que havia na realidade, com um risco menor do que era. Com base nisso, antes de eu entrar na história, eles definiram um patamar negocial, que, ao partir de premissas falsas, estava muito abaixo do risco real.

O que aconteceu nesse caso foi que recebemos valores para negociação, mas quando refizemos os cálculos chegamos a valores bem maiores então o percentual de negociação baixou muito. Nesse caso, todo esforço teve que ser baixar a expectativa dos sindicatos profissionais, pois não conseguiríamos mexer nos patamares negociais, e fazer outras concessões sem aumentar os custos.

Assim, primeiro, os dados, conhecimento do cenário, o início da estratégia.

E, depois, a conversa.

Confiança e transparência

Itens essenciais em uma negociação, especialmente nas sindicais. Isso não quer dizer que você vai abrir a sua pauta e estratégia na primeira fala, e a decisão de o que revelar, quando e quanto é uma das questões estratégicas. Mas nunca minta, nem prometa algo que você não vai puder cumprir. Isso mina qualquer relação sindical.

E essa confiança tem que existir nos dois momentos negociais. Com seu cliente (sim, você negocia com ele) e com a outra parte.

Seu cliente, externo ou interno, tem que confiar em você e no seu conhecimento. Por outro lado, você precisa ter acesso às informações relevantes para a estratégia. Sem confiança e transparência dos dois lados, a negociação será prejudicada.

É muito importante que o negociador e o cliente tenham contato direto, e quando não for possível, o intermediário deve ser o mais possível fiel às informações recebidas de ambos os lados. No entanto, devo dizer que essa ausência de contato direto de quem decide com quem negocia prejudica as negociações, que ficam mais complexas e lentas, então, se puder ser evitado é melhor.

Não só seu cliente, mas também a outra parte deve ter confiança em você e na sua transparência, e, por outro lado, ela deve estar ciente de que você espera isso dela.

Não é muito fácil surgir essa confiança e transparência em negociações sindicais. O cenário é muito diferente de qualquer outra negociação empresarial, por mais dura que uma negociação comercial ou societária possa parecer.

São partes em conflitos, nem sempre há um "bem comum" a ser buscado, os interesses, normalmente, são antagônicos, e não é fácil encontrar a tal solução "ganha-ganha" dos manuais. Toda sistemática é mais complexa, e não envolve só os elementos negociais, mas cenários políticos, ideológicos e financeiros. Então, não se frustre se "técnicas negociais" famosas não derem certo.

Estamos mesmo em outro mundo, e muitas vezes a relação de confiança entre negociadores, mesmo em campos antagônicos, fala mais forte que qualquer outra técnica ou solução.

Pode parecer clichê, mas empatia funciona bem aqui.

Portanto, da mesma forma que a confiança e transparência com seu cliente surgem da relação entre vocês, as relações sindicais devem ser alimentadas sempre, e não buscadas só em caso de "necessidade", o que infelizmente é muito comum no Brasil.

Eu ainda vejo, de forma muito frequente, empresários e diretores de empresas que têm ojeriza ao tema, e veem como algo a ser expurgado da vida deles. Mas essa ojeriza pode prejudicar as relações coletivas da empresa e, consequentemente, a própria empresa.

Amadurecer e profissionalizar a relação sindical é essencial.

A confiança deriva de um elemento essencial, que deve pautar sua postura, ainda que você possa encontrar partes negociadoras no seu caminho que não o seguem.

Esse elemento é a ética.

Ética, ética, ética.

Mais do que qualquer outra "estratégia negocial", a ética é um elemento importante, essencial eu diria.

Mesmo que cada parte veja a outra como antagonista, até mesmo "inimiga", e acredite, isso pode acontecer, a negociadora deve tentar, o mais possível, estar fora disso.

Você tem que pensar nos interesses da parte que está representando, sempre. Mas boa parte do seu sucesso pode derivar da visão de uma negociadora ética e estratégica.

Por parte da empresa, em tempo de ESG, a ética negocial nada mais é do que ponderar suas atitudes e objetivos com a negociação em curso, ou que vai iniciar, seus impactos na vida dos empregados, da empresa e da sociedade. Esses princípios, mais a atuação correta e responsável na negociação, devem pautar a atuação da negociadora.

Mas nem sempre tudo é sucesso.

Acredite, há fatores que impedem uma negociação, e que podem ser bem subjetivos, como posturas ideológicas com recusa negocial por parte do sindicato, ou da empresa que, sem condições de negociar, ou porque não quer essa negociação, precisa de outra solução.

Encontrando soluções alternativas

Muitas vezes, especialmente após a reforma trabalhista, as negociações foram difíceis ou inexistentes. Seja por postura sindical, seja empresarial. Por isso, nem sempre os manuais negociais funcionam nesta área.

Como falamos acima, essas situações de recusa empresarial podem levar a uma greve, mas a recusa sindical impede mesmo a negociação. A empresa pode buscar uma mediação, que nem sempre trará a negociação ou a solução da questão.

Nesse caso, como negociadora, você deve pensar em soluções estratégicas sem envolver o sindicato, mantendo o respeito à lei.

Uma forma é a de, verificando a necessidade da empresa, buscar o gerenciamento da situação dentro de regras puramente legais, sem influência das negociações coletivas, e para isso, se você não tem formação jurídica com experiência trabalhista, vai precisar de alguém que a tenha.

Essas soluções alternativas são a última ação, e a negociação deve ser sempre tentada, com esforço para um bom resultado.

Resumindo

A área negocial sindical não é comum para mulheres, mas vem crescendo. Com as pautas ESG as empresas terão que tomar cuidado com suas ações no aspecto social, que envolve as condições de trabalho de seus empregados e, consequentemente, envolverá a relação sindical.

Estar preparada para atuar na área é importante, e você pode buscar conversar com pessoas com experiência, cursos específicos na área, ler e entender o tema. Até para ver se é "sua praia" ou não.

Se for, não desista por preconceitos (acredite, há muito contra essa área), ou dificuldades iniciais. É uma área muito desafiadora, especialmente para quem gosta de estratégias. E é uma forma de atuação empresarial social, pois as negociações coletivas podem, muitas vezes, ajudar empresas e empregados.

É o "S" do ESG, antes mesmo de o ESG existir.

Empresa familiar: como preparar os herdeiros para a sua manutenção

Marilu Oliveira Ramos

FACEBOOK

Advogada formada pela Universidade São Judas, em São Paulo, com atuação na área desde 1998. Inicialmente pós-graduada em Direito Empresarial, exerceu a atividade para várias empresas, mas sempre auxiliando as pessoas físicas em seus processos de aposentadoria, quando em 2016 volta o seu olhar e atuação para a área previdenciária com Especialização e MBA no Direito Previdenciário.

"Toda empresa deve ter uma cultura e uma filosofia."

Sem cultura e filosofia planejadas e assumidas, a empresa move-se apenas em função dos números.

A empresa portadora de uma excelente filosofia tem consciência de que existe para a sociedade, e não a sociedade para ela. Sua meta é contribuir para tornar a sociedade melhor. Sua vocação é colaborar para o crescimento humano. Seu sonho é gerar qualidade de vida em todas as pessoas que ela atinge direta ou indiretamente. Para ela, o lucro financeiro caminha paralelamente ao lucro emocional.

As empresas que não possuem uma filosofia sólida costumam perpetuar seus defeitos ao longo das gerações de funcionários. Entre esses defeitos estão a falta de comunicação, a carência de solidariedade, o falso trabalho em equipe, a competição predatória interna, os mecanismos maquiavélicos para ocupar o lugar dos outros. Ela se torna um péssimo ambiente para seus funcionários e uma péssima prestadora de serviço para seus clientes. Os clientes passam a ser não mais seres humanos especiais, mas apenas consumidores em potencial. Uma empresa que não é capaz de pensar dez ou 20 anos à sua frente é autodestrutiva". CURY, Augusto, 365 DIAS DE INTELIGÊNCIA PARA VIVER O MELHOR ANO DA SUA HISTÓRIA, Ed. DreamSellers.

Nos mais tenros anos das faculdades de Direito a matéria

do Direito Empresarial estava adstrita à grade do Direito Civil ou do Direito Comercial, mas o Brasil com sua veia empreendedora não poderia deixar de estudar essa matéria de forma separada.

Ao falar de Direito Empresarial podemos pensar tão somente nas grandes empresas e nas multinacionais dos mais diversos setores, mas a roda motriz que quero trazer para este capítulo são as mais diversas empresas familiares que tiveram a sua origem com o sonho dos seus fundadores; mas elas foram alicerçadas em quê?

É aqui que quero trazer para ser observado o pequeno texto que foi compilado no preâmbulo deste capítulo; qual a cultura e a filosofia da sua empresa.

Normalmente, quando a empresa é criada esses dois pilares nem sempre são visualizados, ou seja, o empreendedor quer colocar a empresa para operar e conforme for andando a empresa vai tomando corpo e quem sabe passa a ter um propósito.

No meu trabalho desenvolvido com várias empresas de diversos setores sempre me deparei com:

- O Sonho – planejado pelos pioneiros;
- Deslanchando – a empresa atinge seu objetivo;
- O Declínio – empresa estritamente familiar que não se profissionalizou;
- O Luto – a perda do criador leva à derrocada da empresa.

O Sonho – planejado pelos pioneiros

Ao iniciar a carreira advocatícia me deparei com pequenos, médios e grandes comerciantes e empresários. Em sua maioria, homens imigrantes que chegaram ao Brasil vindo de sua pátria natal fugidos em decorrência de guerras ou emigrantes que aportaram na região Sudeste fugindo dos desastres naturais de suas terras, em especial a seca do Nordeste brasileiro.

Todos eles visualizaram a carência em determinada área e com o seu conhecimento ou imbuído somente de fino olhar comercial souberam desembrulhar o seu sonho para que ele fosse gerado e crescesse.

Aqui trago muitas empresas madeireiras que atuaram por anos em uma região muito central de São Paulo chamada Gazômetro, os pequenos importadores da Zona Cerealista do Brás e até mesmo inventores na indústria de perfumaria e química.

Famílias foram constituídas, filhos gerados que foram moldando essas empresas que vêm crescendo, na maioria das vezes a força da empresa vem de seus próprios familiares e até mesmo de conhecidos que começam a ajudar no crescimento do negócio. Muitas vezes a parte legislativa do empregado devidamente registrado aqui não existe, mas isso não é o tema a ser explanado.

A felicidade impera com o crescimento da empresa.

Deslanchando – a empresa atinge seu objetivo

O parco conhecimento escolar dos fundadores passa a ter um melhor conhecimento intelectual graças à segunda geração, que começa a visualizar uma estrutura maior e por que não o faturamento também? Atravessar a produção estritamente municipal, ultrapassando as fronteiras estaduais e quiçá internacionais.

Normalmente, ao fundar a empresa as estruturas são todas permeadas em uma só gestão. O crescimento traz ideias diferentes, cada um dos membros da família começa a trabalhar em um determinado setor. Aqui começa um dos percalços que pode começar a sucumbir a empresa familiar, o falso trabalho em equipe.

Um dos pontos com que me deparei nessa vivência foi o

machismo estrutural muito arraigado nas pequenas empresas que iniciaram suas atividades nos idos da década de 70 e 80.

Hoje soa estranho o dizer de um empresário que sua empresa esteve alicerçada, pois a diretoria era composta só pelos irmãos... Ainda se regozijava em dizer que eram felizes, pois não tinham tido irmãs... "assim evitaram que cunhados viessem a se intrometer no comando da empresa".

Em contrapartida, tive a honra de ouvir de outro empresário que sua empresa cresceu graças às filhas que tivera que abraçaram o seu negócio e que eram o diferencial no comando empresarial, se destacando até mesmo entre seus concorrentes com esse reconhecimento.

A empresa familiar precisa ser organizada para que sua existência ultrapasse os anos, se um agrega e o outro familiar não, as trincas existenciais começarão a aparecer.

Mas muitas empresas ainda permanecem firmes, pois a existência dos seus fundadores no meio da gestão é o poder de comando que apara as arestas e todos continuam tocando a empresa em respeito ao patriarca.

A empresa sobrevive através dos números e muitas vezes isso basta, o cliente é só mais um dentro do portfólio.

Outro perigo nessa etapa empresarial é a chegada de novas tecnologias e até mesmo parceiros comerciais.

Aquele que se fecha achando que o seu negócio permanecerá para sempre igual estará fadado ao fracasso. O olhar agressivo do início pode trazer o comodismo presente e naufragar a empresa.

Aqui também quero compartilhar uma parceria comercial saudável que poderá fazer a empresa ter uma ascensão ou não, já estive com empresários que segredaram que a falta da ousadia comercial causou a perda de uma grande oportunidade na área e assim ficaram estagnados.

O Declínio – empresa estritamente familiar que não se profissionalizou

Estamos caminhando para o ápice da empresa familiar que não tem balizado a razão da sua existência.

A partir daqui o sócio-fundador já não tem mais tanto poder de gestão, normalmente os filhos assumem a gestão e em breve a terceira geração passa a entrar em cena. A pergunta que começa a aparecer: eles têm interesse nesse legado? O sonho fora muitas vezes dos avôs ou dos pais, mas não é do herdeiro. O embate começa.

A competição predatória interna começa a tornar-se mais aparente. Em um dos muitos contatos com empresários muitos confessaram que não prepararam a sucessão e agora se veem de mãos atadas em profissionalizar ou manter a gestão estritamente familiar. Ciúmes é o sentimento que mais se percebe em qualquer departamento.

Na sucessão empresarial, seja ela nas mãos de familiares ou profissionais, deve-se ter em mente que a empresa de um grupo familiar é aquela acolhedora, muitas vezes encontramos colaboradores que são os primeiros no rol das contratações, que acompanharam o crescimento dos filhos, nascimento de netos, chegada dos agregados e se sentem como membros da família. Se isso é bom ou ruim somente a própria gestão irá dizer.

Outro ponto que convém mencionar são os contratados de parentes, é preciso enxergar que a empresa é um todo é não somente o setor do "amigo" que o contratou, o crescimento deve ser único.

Aos profissionais que adentram essa fronteira sem vínculos afetivos há que se ter a cautela em como lidar muitas vezes com egos inflados, seja pela famosa frase "cresci aqui e sei como as coisas andam", a maneira como você tratará os fundadores pode levá-lo ao crescimento ou ao declínio, o seu lidar com essas diferentes personas indicará a sua capacidade executiva no mundo empresarial.

Aqui caminhamos também para a saúde física dos fundadores, já não há mais força para grandes lutas de gestão e nesse ponto começa o declínio ou a manutenção da pujança da empresa familiar.

O Luto – a perda do criador leva à derrocada da empresa

Chegamos ao cerne da empresa familiar, o passar pelo luto. Sim, o mundo empresarial ainda tem muito a aprender sobre como ter sua sobrevida nessa fase.

O Direito Empresarial de um grupo familiar envolve muitas vertentes, a própria linha sucessória a ser pensada é objeto de sobrevida da empresa.

Muitos empresários já me disseram que não visualizam essa parte por entenderem ser um "mau presságio", mas muito ao contrário, a verdadeira gestão empresarial tem que saber como enfrentar essa etapa.

Felizes são aqueles que podem ver o crescimento da sua família e empresa ao mesmo tempo.

Mas a vida pode ser interrompida a qualquer momento, por isso, independentemente da idade do fundador, é salutar que ele prepare o modelo de gestão com sua partida. Como é sufocante ver herdeiros que não tiveram nenhum conhecimento ou interesse em saber como era a jornada empresarial, sendo muitas vezes enganados por maus gestores.

E é aqui, com a passagem do fundador, que a empresa segue firme ou será mais uma a compor o rol das que se encerram de maneira fraudulenta ou através de uma falência.

O DNA do empreendedor pode abrochar em uma próxima geração que não chegou a conhecer o seu patriarca ou matriarca fundador(a).

O interesse nato em puxar esse fio perdido na vida empresarial pode brotar. Nessa etapa sua empresa existe ou será só uma memória a ser contada e vista através de fotos?

Conclusão

Caro empresário, a criação do seu sonho com certeza passou por um processo: da imaginação ao papel, da parte braçal à parte intelectual.

Mas o que quero deixar aqui é: o seu objetivo pode não ser o mesmo dos seus herdeiros, no entanto, o seu legado pode se perpetuar pelas gerações da sua família.

A profissionalização da empresa familiar é um ato de amor ao seu sonho, a expectativa de uma sobrevida o legado para as próximas gerações.

Por isso, não se esqueçam dos pilares da sua empresa, por qual motivo ela existe e o que ela quer deixar não só para sua família, mas para os seus clientes, para o meio que você planejou.

A importância da prevenção e da gestão do passivo trabalhista – dicas práticas

Priscilla Folgosi Castanha

LINKEDIN

Sócia-fundadora do escritório Folgosi & Rubira Advogadas Associadas. Advogada formada em 2001 pela Faculdade de Direito Padre Anchieta, pós-graduada em Direito do Trabalho e Processual do Trabalho e em Direito Civil e Processual Civil pela Escola Paulista de Direito, com MBA em Direito Empresarial pela Fundação Getulio Vargas (FGV). Membro regional da Comissão da Advocacia Trabalhista da OAB/SP e da Comissão de Direito Empresarial da 33ª Subseção da OAB/SP. Coautora do livro *"Mulheres do Direito – Edição Poder de uma Mentoria"*. Palestrante e escritora de diversos artigos jurídicos.

Ao longo da minha carreira sempre atuei na gestão e prevenção de passivos trabalhistas para empresas dos mais variados portes, tanto em cenários de crise e recessão, como em fases de pujança e crescimento, e posso afirmar que, não importa qual seja a realidade da empresa ou sua área de atuação, a má gestão de passivos trabalhistas e a não implementação de práticas de prevenção podem gerar consequências desastrosas e, até mesmo, inviabilizar o negócio, além de impactar o patrimônio pessoal dos sócios.

Os passivos trabalhistas são as dívidas judiciais ou extrajudiciais de uma empresa em decorrência do descumprimento de suas obrigações trabalhistas. O passivo trabalhista geralmente não implica uma cobrança ou dívida imediata, pode também ser entendido como uma prática equivocada ou ilegal que, potencialmente, poderá vir a ser questionada em reclamações trabalhistas perante a Justiça do Trabalho ou ser alvo de fiscalização dos órgãos governamentais, tais como Ministério Público do Trabalho ou Receita Federal, neste caso quando se refere ao não recolhimento de encargos sociais ou impostos.

Em geral os débitos trabalhistas prescrevem em cinco anos, portanto, uma prática ainda que corrigida hoje permanece gerando risco para a empresa por mais cinco anos. Contudo, antes tarde do que nunca e é melhor prevenir do que remediar e, neste caso, o remédio pode ser bastante amargo.

Infelizmente, empresários que não adotam práticas de gestão e prevenção dos riscos trabalhistas de seus negócios muito provavelmente comprometerão boa parte de seus recursos financeiros com ações trabalhistas que, em grande parte, poderiam ser evitadas com a implementação de práticas simples e não onerosas.

É sabido que a legislação trabalhista brasileira é extremamente complexa e que a jurisprudência muitas vezes diverge sobre a sua interpretação, gerando insegurança jurídica, contudo, grande parte das reclamações poderiam ser evitadas com a implementação de práticas simples e não onerosas. Infelizmente, empresários que não adotam práticas de gestão e prevenção dos riscos trabalhistas de seus negócios muito provavelmente comprometerão boa parte de seus recursos financeiros com ações trabalhistas.

Outro equívoco comum é imaginar que a Reforma Trabalhista reduziu direitos dos trabalhadores, pois eles, em sua maioria, são constitucionalmente protegidos e os cidadãos estão cada vez mais informados e cientes de seus direitos. Além disso, o acesso à Justiça também é uma garantia constitucional.

Assim sendo, a adequada e eficiente gestão dos riscos trabalhistas é imprescindível para a sustentabilidade do negócio e gera, inclusive, vantagens competitivas como resultado da redução de custos e da melhora no ambiente de trabalho, o que reflete na produtividade dos colaboradores e reduz a rotatividade, influenciando positivamente o faturamento e lucratividade da empresa.

Dessa maneira, a liderança da empresa pode focar seus esforços no crescimento do negócio ao invés de perder tempo administrando demandas judiciais e deslocando funcionários para fóruns trabalhistas, além de não comprometer o fluxo de caixa ou, pior, conviver com o risco de penhoras judiciais em suas contas correntes.

Isto posto, passo a apresentar algumas dicas práticas de como fazer uma gestão adequada da área de recursos humanos com o objetivo de mitigar os riscos trabalhistas.

Dica nº 1

Manter um arquivo organizado, de preferência digitalizado, com todos os documentos, tais como: demonstrativos de pagamentos/recibos, folhas de ponto, adiantamentos, solicitação de férias, aviso-prévio, advertências, suspensões, entregas de EPIs, pedidos de demissão, recebimento das guias para seguro-desemprego e saque de FGTS, entrega e pagamento do termo de rescisão, devidamente assinados pelos funcionários. Esses documentos são essenciais para prova em caso de ações judiciais e sua falta pode representar a perda da ação e o pagamento repetido de alguma verba já quitada.

Tais documentos devem ser guardados por, no mínimo, dois anos após a rescisão do contrato de trabalho, pois este é o prazo que o funcionário tem para ajuizar uma reclamação trabalhista. Já as fiscalizações abrangem sempre os últimos cinco anos a partir da sua instauração.

Recomenda-se, ainda, a digitalização de todos os documentos físicos para sua organização e proteção. Destaque-se que atualmente a segurança da informação é uma condição para toda e qualquer empresa que tenha que lidar com dados de seus clientes e colaboradores, não importando o seu porte.

Dica nº 2

Investir num sistema de controle de ponto confiável que possibilite o apontamento correto das horas trabalhadas e não trabalhadas, sem riscos de fraudes, falhas e esquecimentos.

A maioria das ações trabalhistas versa sobre a cobrança de horas extras não pagas, assim como seus reflexos em outras verbas, tais como férias e décimo-terceiro. O controle adequado do ponto dos funcionários é uma das mais efetivas medidas de prevenção de passivo trabalhista.

Dica nº 3

Analisar as reclamações trabalhistas e seus objetos, os quais geralmente se repetem, e atuar na mitigação das causas, adequando ou corrigindo procedimentos e treinando as lideranças.

Invariavelmente, os objetos de reclamações trabalhistas de determinada empresa quando frequentes são um importante indicador de que algo está errado e precisa ser mudado.

Dica nº 4

Umas das principais alterações trazidas pela Reforma Trabalhista foi privilegiar as negociações entre empregadores e empregados, as quais podem até mesmo se sobrepor às leis trabalhistas. Assim, o uso estratégico desta ferramenta se tornou um diferencial competitivo, mas ainda pouco explorado por empresas de médio e pequeno porte. Além disso, há a possibilidade de negociações individuais com funcionários que tenham nível superior e salário elevado.

De qualquer forma, é importante ter conhecimento das cláusulas previstas nas Convenções Coletivas aplicáveis às categorias que atuam na empresa, pois não se pode alegar seu desconhecimento em defesa do descumprimento dos direitos.

Dica nº 5

Treinar a liderança, oferecendo cursos e palestras para que adquiram conhecimento básico da legislação trabalhista e para aprimoramento das habilidades emocionais pode representar uma importante redução do passivo trabalhista.

Por vezes, a conduta de determinado chefe pode dar causa a inúmeras reclamações trabalhistas, seja por desconhecimento de que determinada prática configura ofensa à lei trabalhista, tal como por promover desvio ou acúmulo de funções, seja por situações mais graves, tais como assédio moral e até mesmo sexual. A conscientização do que pode e do que não pode no ambiente de trabalho é fundamental para prevenir conflitos.

Dica nº 6

Por fim, as constantes atualizações e alterações legislativas das normas trabalhistas tornam indispensável o suporte jurídico de um profissional especializado atuando em conjunto com o RH com as cautelas inerentes.

Tenha bons profissionais internos ou assessoria jurídica externa e realizar periodicamente auditoria interna para revisão da documentação e apuração da aplicação da legislação trabalhista. Prevenir é melhor que remediar.

Como gerir as Reclamações Trabalhistas?

Mas, se mesmo implementando tais dicas as reclamações trabalhistas vierem ou a empresa enfrentar um volume significativo de reclamações trabalhistas decorrentes de práticas passadas, é importante avaliar qual a melhor estratégia jurídica, se enfrentá-las e levá-las até as últimas instâncias judiciais ou estabelecer uma política de acordos.

Nesse caso é necessário avaliar, isento de emoções, o que é mais vantajoso em termos financeiros, o custo de manutenção das reclamatórias, incluindo assessoria jurídica, custas processuais e depósitos recursais, ou a conciliação.

Para ter assertividade, essa decisão depende da análise de diversos fatores, tais como viabilidade financeira, quantidade de processos e prognóstico de êxito destas ações. E, ainda, qual o efeito que a estratégia adotada geraria nos funcionários ativos, incentivaria a litigiosidade? Enfim, a análise deste contexto todo deve ser realizada pela assessoria jurídica em conjunto com o *board* da empresa.

A execução do crédito trabalhista

De qualquer forma, o empresário tem que ter ciência de que a Justiça do Trabalho tem aprimorado os meios de execução do crédito trabalhista e que a há diversas ferramentas eletrônicas e convênios que facilitam a localização de patrimônio para sua quitação.

Deste modo, protelar o pagamento de uma execução trabalhista ou tentar se esquivar da obrigação por meio de expedientes fraudulentos, sobretudo pelo uso de pessoas ou empresas interpostas, os chamados "laranjas", e desvio patrimonial o que, infelizmente, ainda é bastante comum, está cada vez mais arriscado e ineficaz.

Os avanços tecnológicos permitem de maneira célere bloquear dinheiro, veículos e imóveis. Além disso, atualmente é possível a reiteração automática da ordem de bloqueio de ativos financeiros em nome dos executados até que se alcance a satisfação do crédito ou até chegar ao fim do prazo consecutivo de 30 dias. Isso significa que as contas bancárias da empresa podem permanecer bloqueadas por um mês, o que inviabiliza qualquer negócio.

Além disso, na Justiça do Trabalho, o mero inadimplemento de uma execução autoriza a responsabilização dos sócios da empresa devedora e até mesmo, subsidiariamente, dos sócios que se retiraram da sociedade por até dois anos da data de sua saída, os quais ficam sujeitos às mesmas medidas executórias e podem ter seu patrimônio pessoal severamente comprometido ou, ainda, serem submetidos aos chamados meios atípicos de execução, dentre os quais se destacam a apreensão de documentos, tais como a CNH e passaporte dos devedores, cujo efeito de coerção indireta e psicológica poderia levar o executado a honrar suas dívidas.

Conclusão

Resta evidenciada, portanto, a importância de se aplicar práticas organizacionais e estratégicas para prevenção de passivos trabalhistas, bem como para a sua gestão, a fim de evitar os altos custos financeiros e operacionais a eles relacionados, garantindo a estabilidade e crescimento sustentável do negócio, seja ele uma multinacional ou uma microempresa individual.

Sem dúvida o investimento da prevenção e mitigação dos riscos relacionados às atividades laborais é menor do que o custo para remediá-los.

Jurisdição financeira – desafios e estratégias na concessão de crédito: Uma abordagem abrangente no cenário financeiro brasileiro

Rebeca Schiavo

LINKEDIN

Advogada, graduada em Direito pela Universidade Paulista, pós-graduada em Direito Processual Civil pela Escola Paulista de Direito e pós-graduanda em Direito Empresarial. Experiência jurídica consolidada em contencioso cível e estratégico. Amplo conhecimento em elaboração e controle de contratos, Direito Societário, Direito Processual Civil, gestão de processos judiciais e administrativos, participação na definição de estratégias e políticas para a empresa, LGPD e *compliance*. É uma advogada apaixonada por desafios, moldada por anos de atuação no complexo mundo jurídico. Atuou como líder do departamento jurídico e *head* de Operações e foi a estrategista por trás da negociação, elaboração e execução de contratos complexos, além de gerenciar demandas societárias e implementar áreas. Sua jornada inclui também o Contencioso Cível Estratégico, em que liderou a maximização da recuperação de créditos inadimplentes.

Introdução

Ao longo dos anos, observa-se que as mulheres têm realizado inúmeras conquistas de alta relevância dentro das organizações, das instituições públicas e privadas. Enfrentamos desafios no campo da vida profissional, no decurso da formação acadêmica, da especialização, da inserção no mercado de trabalho e do crescimento hierárquico.

Entre as minhas atribuições se encontra a realização de negociações, a elaboração, a revisão e a execução de contratos de alta complexidade; o gerenciamento das demandas societárias; a implementação da área de compliance; o gerenciamento e a definição de estratégias de ações corporativas e processos administrativos.

Dentro da minha posição, enfrento desafios atinentes ao Contencioso Cível Estratégico de crédito corporativo, isto implica responder a situações de inadimplência com elevados valores. Vigoram práticas direcionadas à implementação de medidas judiciais e extrajudiciais com enfoque na maximização de recuperação de crédito.

Tem-se, assim, a observação do modo como o Direito e atuação profissional do operador jurídico, como figuras determinantes na solução problemas e na consecução de resultados - inclui pensar cenários de crise em que a inovação se faz necessária, em consonância com a tomada de decisão jurídica.

Rebeca Schiavo

O mercado financeiro além do banco

Uma securitizadora é uma instituição financeira especializada em transformar ativos, como créditos e recebíveis, em títulos negociáveis no mercado. O processo envolve a compra de ativos por parte da securitizadora, que emite títulos lastreados nesses ativos. Esses títulos são então oferecidos a investidores no mercado de capitais. A securitização permite que as empresas liberem capital ao transferir os riscos e benefícios associados aos ativos para os investidores.

No contexto de operações como cessão de recebíveis, CCB (Cédula de Crédito Bancário), fomento e outras, a securitizadora desempenha um papel fundamental. Ela adquire os créditos provenientes dessas operações, agregando-os em uma carteira. Esses ativos podem ser diversos, incluindo duplicatas, contratos de crédito, entre outros.

O fundo de investimento, por sua vez, é uma forma de investimento coletivo em que diversos investidores aplicam recursos em um fundo gerido por uma instituição financeira. Esse fundo pode ser administrado por uma securitizadora e, neste contexto, é conhecido como "Fundo de Investimento em Direitos Creditórios" (FIDC). Os recursos captados pelo fundo são direcionados para a aquisição dos ativos cedidos pela securitizadora, proporcionando aos investidores a possibilidade de diversificação de sua carteira por meio de investimentos em recebíveis.

Do ponto de vista jurídico, a operação envolve a estruturação de contratos, como os de cessão de direitos creditórios, que definem os termos da transferência dos ativos da empresa cedente para a securitizadora. Além disso, a emissão dos títulos lastreados nesses ativos também requer uma estruturação jurídica específica para garantir a segurança e legalidade da transação.

A análise creditícia desempenha um papel crucial nesse processo. A securitizadora e os fundos de investimento precisam avaliar a qualidade dos ativos que estão sendo adquiridos, analisando o risco de inadimplência e a capacidade de pagamento dos devedores originais. Essa análise é fundamental para precificar os títulos emitidos e para que os investidores possam tomar decisões informadas sobre o nível de risco associado aos ativos do fundo.

Concessões de Crédito

Neste capítulo, exploraremos a intricada relação entre o mercado financeiro e a tomada de crédito, com especial ênfase nas operações jurídicas e de *compliance* em empresas dedicadas à securitização, abordando a análise de crédito em contextos como CCB (Cédula de Crédito Bancário), antecipação de recebíveis e fomento. A aula prática oferecerá uma imersão no universo das operações com ativos estressados, trazendo à tona as complexidades e oportunidades presentes no cenário brasileiro.

Na introdução desta aula prática, é fundamental compreendermos a relevância da análise jurídica e *compliance* nas operações do mercado financeiro, particularmente na seara da securitização. O *case* em questão proporcionará uma visão abrangente sobre a tomada de crédito em empresas especializadas (Fundos de Investimento), destacando os desafios enfrentados e as estratégias adotadas para lidar com ativos estressados.

A concessão de um crédito envolve especialmente a análise crítica das operações, visando a maximização de resultados e a conformidade com as normativas legais e de *compliance* e, assim, exploraremos os passos fundamentais para uma análise de crédito abrangente, desde a concepção da operação até a decisão final de conceder uma linha de crédito ou empréstimo. Essa análise vai além dos números, incorporando uma perspectiva jurídica e de *compliance* para garantir a solidez e a legalidade das operações. O objetivo é fornecer aos leitores uma visão abrangente e prática de todos os passos envolvidos na tomada de crédito por empresas do setor, desde o início da negociação até a crucial decisão de concessão de crédito.

A aula prática sobre operações no mercado de ativos estressados revela um panorama desafiador e promissor. A análise da crise creditícia no Brasil, com milhões de inadimplentes tanto no âmbito pessoal quanto corporativo, destaca a oportunidade latente nos ativos estressados. A taxa de recuperação de crédito no país, comparada a padrões internacionais, aponta para a necessidade de estratégias inovadoras.

A abordagem sobre ativos estressados e o IFRS 9 destacam a importância da gestão eficiente desses instrumentos financeiros. A definição de ativos estressados, seu risco e retorno, e a interação com as normas contábeis internacionais proporcionam um entendimento aprofundado da dinâmica desse mercado. A análise do papel crucial desempenhado por securitizadores de crédito e fundos não padronizados no cenário de recuperação de empresas em dificuldade ressalta a necessidade de uma análise jurídica e financeira rigorosa.

A conexão entre ativos estressados, a crise econômica global e as oportunidades resultantes destacam a máxima de que, na crise, surgem oportunidades. A lição a ser extraída é a importância de enxergar além dos desafios, identificando as possibilidades inerentes às adversidades econômicas.

No desdobramento, mergulharemos nos intricados meandros do mercado financeiro, focalizando a tomada de crédito por empresas de securitização e fundos de investimento. Nossa aula prática se concentra na análise jurídica e *compliance* essenciais nas operações das empresas cedentes, especialmente no contexto de instrumentos como CCB, antecipação de recebíveis e fomento.

Concepção da Operação

Iniciamos nossa análise com a concepção da operação.

Aqui, destacamos a importância de uma estruturação legal sólida desde o princípio. Examina-se a viabilidade jurídica da transação, identificando possíveis obstáculos legais e garantindo a conformidade com as normas regulatórias. Este estágio é crucial para estabelecer as bases legais da operação.

Identificação e Avaliação de Riscos Jurídicos

Prosseguimos para a identificação e avaliação de riscos jurídicos associados à operação de crédito. Analisamos os documentos relevantes, como contratos e acordos, em busca de potenciais implicações legais. O primeiro passo é entender o negócio da empresa tomadora, bem como analisar toda a cadeia financeira e contábil. Este passo visa garantir que todos os aspectos jurídicos sejam devidamente considerados, minimizando surpresas desagradáveis no decorrer da operação.

A Identificação e Avaliação de Riscos Jurídicos para concessão de crédito em uma empresa de securitização e fundos de investimento é um processo crucial para garantir a segurança e viabilidade das transações financeiras. Aqui estão os passos fundamentais desse processo:

- Análise da Legislação Vigente: examine as leis e regulamentações que regem o setor financeiro e de crédito. Isso inclui leis específicas para securitização, fundos de investimento e proteção ao consumidor. Certifique-se de entender as regras que regem a concessão de crédito, a cobrança de juros, as práticas de recuperação de crédito, entre outros.
- *Due Diligence* Contratual: realize uma *due diligence* detalhada nos contratos relacionados à securitização e fundos de investimento. Isso envolve a revisão de acordos

com parceiros, devedores, garantidores e outros intervenientes. Avalie cláusulas contratuais que possam impactar a concessão de crédito, como condições precedentes, garantias e penalidades.

- Análise de Documentação Legal: examine a documentação legal dos ativos que serão securitizados. Isso inclui contratos, escrituras, certidões e outros documentos relevantes. Certifique-se de que a empresa tem um direito legal claro sobre os ativos subjacentes e que não há pendências legais que possam afetar a concessão de crédito.

- Avaliação do Risco Regulatório: analise os riscos regulatórios associados à securitização e aos fundos de investimento. Isso inclui mudanças potenciais na legislação que possam impactar a operação da empresa. Mantenha-se atualizado sobre as práticas regulatórias do setor financeiro e ajuste os processos conforme necessário.

- Análise de Risco de Crédito: avalie o risco de crédito associado aos devedores, considerando sua capacidade de pagamento, histórico de crédito e condições econômicas. Implemente modelos de pontuação de crédito e outras ferramentas analíticas para quantificar e classificar o risco de crédito.

- Avaliação de Riscos Operacionais: identifique e avalie os riscos operacionais associados ao processo de concessão de crédito, como falhas nos sistemas, processos inadequados, entre outros. Implemente controles internos robustos para mitigar esses riscos operacionais.

- Monitoramento Contínuo: estabeleça um sistema de monitoramento contínuo para avaliar os riscos jurídicos ao longo do tempo. Atualize regularmente as análises de risco para refletir mudanças nas leis, regulamentações ou nas condições do mercado.

Análise de Compliance

Examina-se rigorosamente a conformidade da operação com as normas regulatórias e éticas. Destacamos a importância da *due diligence* jurídica, garantindo que todas as partes envolvidas estejam em conformidade com as leis aplicáveis. A transparência e a integridade são fundamentais nesta etapa.

Compliance se trata do dever de cumprimento, de seguir em acordo e realizar de forma efetiva os regulamentos internos e externos determinados às atividades de um empreendimento. A utilização de um código de ética, um código de conduta, um canal de denúncia, o desenvolvimento de controles internos, de procedimentos internos de divulgação de assuntos envolvidos com a corrupção, a investigação da disposição ética dos profissionais e colaboradores comerciais é expansiva nas organizações na procura de diminuir fraudes internas.

Estruturação Contratual e Instrumentos Legais

Neste estágio, focamos na estruturação contratual e nos instrumentos legais utilizados na operação. Avaliamos a robustez jurídica dos contratos, garantindo que estes estabeleçam claramente os termos e condições da transação. Contratos de cessão, garantias e outros instrumentos são analisados para assegurar uma base sólida para a operação de crédito.

Avaliação de Riscos e Mitigação

Avançamos para a avaliação de riscos e sua subsequente mitigação. Examina-se a eficácia das estratégias para lidar com possíveis implicações legais. Este passo é crucial para garantir que os riscos identificados sejam gerenciáveis e que medidas adequadas sejam tomadas para proteger todas as partes envolvidas.

Negociação Transparente e Termos Contratuais Claros

Na etapa de negociação, destacamos a importância da transparência e da clareza nos termos contratuais. Negociar de maneira aberta e compreensível é fundamental para estabelecer uma relação saudável entre as partes e evitar conflitos futuros. Aqui, os profissionais do Direito desempenham um papel crucial na elaboração de termos contratuais justos e legalmente sólidos.

Processo Decisório e Concessão de Crédito

Chegamos ao ponto crucial do processo: o momento de decisão. Analisamos os dados coletados durante todas as etapas anteriores para tomar uma decisão informada sobre a abertura da linha de crédito ou o empréstimo para serem discutidos em comitês. Considerações legais, riscos e *compliance* desempenham um papel central nesta fase, influenciando diretamente a decisão final.

Essa é uma visão abrangente dos passos essenciais na análise de crédito para empresas, com ênfase nos aspectos jurídicos. Ao compreender cada etapa, os profissionais do Direito estão capacitados a desempenhar um papel fundamental na garantia da legalidade e solidez das operações de crédito no dinâmico cenário do mercado financeiro.

Conclusão

A introdução da securitizadora e do fundo de investimento como elementos-chave na dinâmica do mercado financeiro demonstra a sofisticação dessas operações, proporcionando diversificação de carteira aos investidores. A interligação entre ativos estressados, análise de crédito e *compliance* evidencia a complexidade do cenário brasileiro e destaca a necessidade de estratégias inovadoras.

O percurso delineado ao longo deste capítulo revela a complexidade e a importância das operações envolvendo securitizadoras, fundos de investimento e a concessão de crédito.

Ao abordar a atuação em áreas específicas, como o Contencioso Cível Estratégico de créditos corporativos, é possível perceber a responsabilidade e os desafios enfrentados, especialmente diante de situações de inadimplência com valores expressivos. A busca pela maximização da recuperação de crédito se destaca, indicando a relevância das práticas judiciais e extrajudiciais.

A análise jurídica, desde a concepção da operação até a concessão de crédito, emerge como fator essencial. A estruturação de contratos complexos, a consideração de aspectos regulatórios, a avaliação de riscos jurídicos e a conformidade com normas éticas e regulatórias são cruciais para garantir a segurança e a legalidade das transações.

A aula prática sobre a tomada de crédito em empresas de securitização e fundos de investimento aprofunda o entendimento, enfatizando a importância da análise jurídica e *compliance*. A análise detalhada de riscos jurídicos, avaliação de conformidade, estruturação contratual e instrumentos legais, juntamente com a transparência na negociação, contribui para uma concessão de crédito informada e segura e especialmente preventiva, para após, caso o crédito seja infrutífero, minimizar riscos e gastos com ações de execuções ou forçosas para recuperação do crédito.

A conexão entre ativos estressados, a crise econômica global e as oportunidades resultantes ressaltam a máxima de que, na crise, surgem oportunidades. A lição final é a importância de enxergar além dos desafios, identificando as possibilidades inerentes às adversidades econômicas.

Em resumo, este capítulo oferece uma visão abrangente e prática das operações financeiras, destacando o papel crucial da análise jurídica, *compliance* e gestão de riscos para desempenhar um papel fundamental na garantia da legalidade e solidez das operações no dinâmico cenário do mercado financeiro.

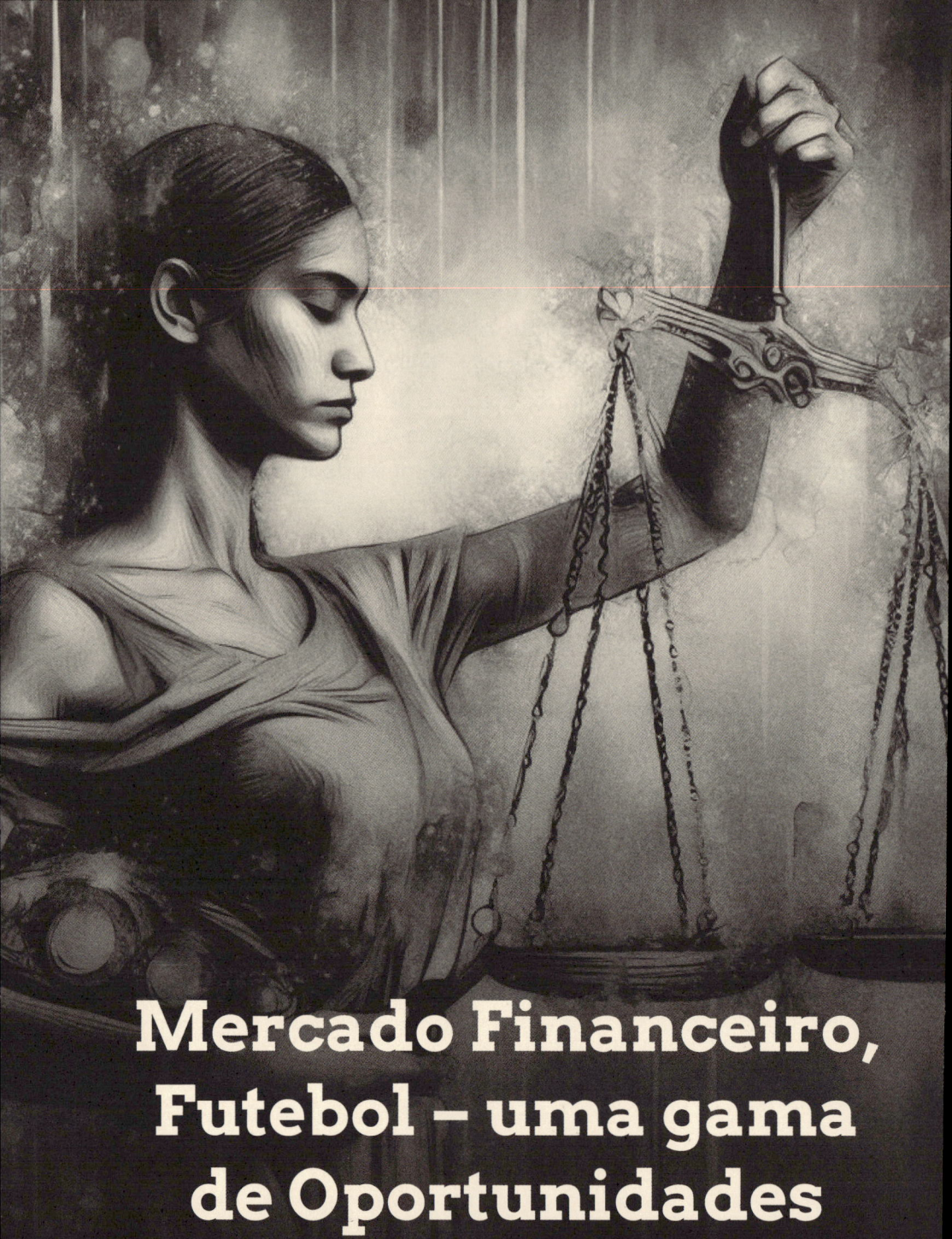

Mercado Financeiro, Futebol – uma gama de Oportunidades

Renata Maria Santos

LINKEDIN

Advogada, formada pela Faculdade de Direito de São Bernardo do Campo, com pós-graduação em Direito Civil e Processo Civil, pela Escola Paulista de Direito, especialização em Direito Empresarial pela ESEADE em Buenos Aires, Argentina, extensão em Compliance pelo Insper, LLM em Direito Societário e Mercado de Capitais pelo IBMEC. Membro do Comitê de Direito Bancário da OAB/SP. Experiência de 16 anos em jurídico consultivo e contencioso estratégico em departamentos jurídicos de consultoras de FIDC (Fundo de Investimento em Direitos Creditórios), atualmente gerente jurídica no Grupo Multiplica, participante do Projeto Mulheres no Mercado de Crédito.

Foto: Karine Ishida

"Uma vida sem desafios não vale a pena ser vivida." Sócrates

Desde muito cedo aprendi que a vida é cheia de desafios, e eles nos acompanham em todas as etapas de nossas vidas, quer seja pessoal ou profissional.

Na vida pessoal aprendemos a cair e levantar, reerguendo-nos mais fortes, e na vida profissional não é diferente, todos os dias somos surpreendidos por desafios profissionais que nos levam a estudar, aprender a decifrar, realizar e entregar o melhor trabalho que **não** foi ensinado nos bancos acadêmicos.

Assim, como operadoras ou operadores do Direito temos a missão de desenvolver toda a estrutura jurídica necessária para atingir o objetivo perquirido.

Muito embora já existam muitas mulheres no mundo corporativo, sabemos que atuantes no mercado financeiro ainda estão longe de ser a maioria, e com isso o desafio se torna cada vez maior e instigador.

Atuo no Direito Empresarial há aproximadamente 16 anos, e sempre no mercado financeiro, que me proporciona um mundo de oportunidades e conhecimentos, encontrei pessoas incríveis que me ensinaram e ensinam até hoje, e outras nem tanto, e mesmos estas se fizeram importantes, pois de alguma forma me ensinaram a não proceder como elas.

O presente trabalho tem o foco de demonstrar alguns

desafios que nos são delegados no âmbito do Direito Empresarial que nos tiram da zona de conforto e nos fazem refletir como realizar uma operação estruturada de forma juridicamente possível, com segurança jurídica para o cliente.

Como atuar juridicamente numa operação estruturada?

Os atuantes do mundo corporativo sabem que, se você quer ter um diferencial, irá atrás da informação, conhecimento, pessoas, definições.

Ou seja, vai tornar realidade o pedido "quase" impossível que lhe é delegado, e posso dizer, este mundo desconhecido me motiva diariamente.

Gosto de ser "hands on", ou seja, estudar a legislação aplicável, solicitar os documentos, ler e entender sobre o caso e quando o assunto aborda futebol, uma área predominantemente masculina, à qual a maioria das mulheres não dedica tanto tempo e análise quanto os homens, salvo mulheres atuantes no ramo futebolístico, esportivo e outras tantas que conheci durante meus trabalhos e estudos, torna a operação mais dinâmica e desafiadora.

E por isso aqui estou para compartilhar um pouquinho deste conhecimento.

Capítulo I – Saindo da zona de conforto

Operações no âmbito esportivo e mais precisamente no ramo do futebol me tiraram de uma zona de conforto, pois até então só tinha o interesse em assistir os jogos do meu time do coração e, desde então, passei a assistir e acompanhar os mais diversos campeonatos nacionais e internacionais, e percebi o incrível mundo do futebol.

Com toda sua intensidade, torcida, organização, associação civil, e agora com a Sociedade Anônima do Futebol (SAF) o futebol no Brasil e no mundo se tornou um negócio extremamente rentável para aqueles que sabem utilizá-lo, e porque não o trazer para o mercado financeiro e mais precisamente para os Fundos de Investimentos em Direitos Creditórios (FIDCs).

O FIDC atua predominantemente com investidores e antecipação de recebíveis em sua composição, de que falaremos mais oportunamente.

Não obstante isso, o futebol não está mais restrito às quatro linhas, ou seja, ao campo de futebol, ele se tornou um mercado passível de rentabilidade extracampo, haja vista as negociações e valores de transferências de jogadores que abrangem um mercado complexo, sofisticado e regulado.

Atualmente, se fala muito em "sportainment", que é a junção de "sport" e "entertainment", ou seja, esporte e entretenimento, com o objetivo de trazer experiências inesquecíveis para que o espectador, o torcedor presente no estádio, possa se surpreender com um inesquecível evento.

A "Premier League" é uma referência de campeonato de sucesso no quesito esporte e entretenimento, capaz de movimentar milhões com futebol, transmissões, marketing, entre outras fontes de receitas.

O futebol é capaz de encantar, vender marca, ativos, movimentar uma parcela interessante da economia.

Por sua vez, o futebol é uma paixão nacional, isso é inegável, a comoção diante de um jogo da seleção, ou do time do coração, nos faz visualizar excelentes jogadores, com aptidão para o futebol nacional e internacional, por isso seus "passes", como hodiernamente são conhecidos, vislumbram a possibilidade de transferências para outros países e clubes de futebol.

O time no qual o jogador exerce suas habilidades possui

o direito de transferir determinado direito sobre um jogador, conhecido como "acordo de transferência"; neste tipo de contrato sofisticado as mais variáveis cláusulas são abordadas, tipo de contratação, valores, pagamentos, direito de imagem, entre outros, como veremos a seguir.

Este contrato de acordo de transferência constitui um recebível e pode ser objeto de antecipação perante um FIDC.

Capítulo II – FIDC – Fundo de Investimento em Direitos Creditórios

Antes de adentramos na estrutura de operacionalização desta negociação, insta esclarecer o que é um FIDC – Fundo de Investimentos em Direitos Creditórios, que trata de uma espécie de Fundo de Investimentos que é formado por um condomínio de investidores que destinam 50% (cinquenta) do seu respectivo patrimônio líquido para aplicações em direitos creditórios.

Os direitos creditórios que compõem a carteira de ativos de um FIDC são provenientes de operações comerciais, industriais, imobiliárias, financeiras, prestação de serviços, recebíveis de operações de futebol e outros.

Estes créditos na forma de recebíveis podem se tornar ativos de um FIDC e os investidores que adquirem suas cotas ficam expostos ao retorno e riscos de tais recebíveis.

Todo FIDC possui um regulamento que determinará a política de investimento do fundo, suas características de atuação, entre as quais os critérios de composição da carteira, bem como sua diversificação, tipo de recebíveis, risco de mercado, crédito, e o segmento em que o fundo atuará, caso tenha um direcionamento objetivo.

Importante destacar que existem figuras importantes que

compõem o FIDC, quais sejam: o Gestor, o Administrador, o Consultor, e cada um deles nas suas atribuições possuem a responsabilidade de:

a) Verificar se os direitos creditórios atendem os critérios de elegibilidade determinados no regulamento;

b) Recepcionar os documentos que evidenciam os lastros dos recebíveis entregues para a operacionalização;

c) Realizar as liquidações financeiras, comerciais e de serviços;

d) Custodiar a documentação atinente aos direitos creditórios e demais ativos integrantes da carteira do fundo;

e) E, por fim, proceder com todos os procedimentos de cobrar e receber, em nome do fundo, pagamentos, resgate de títulos e demais medidas cabíveis para os títulos custodiados.

De uma forma bem simplificada da estrutura de um FIDC, trazemos o exemplo abaixo:

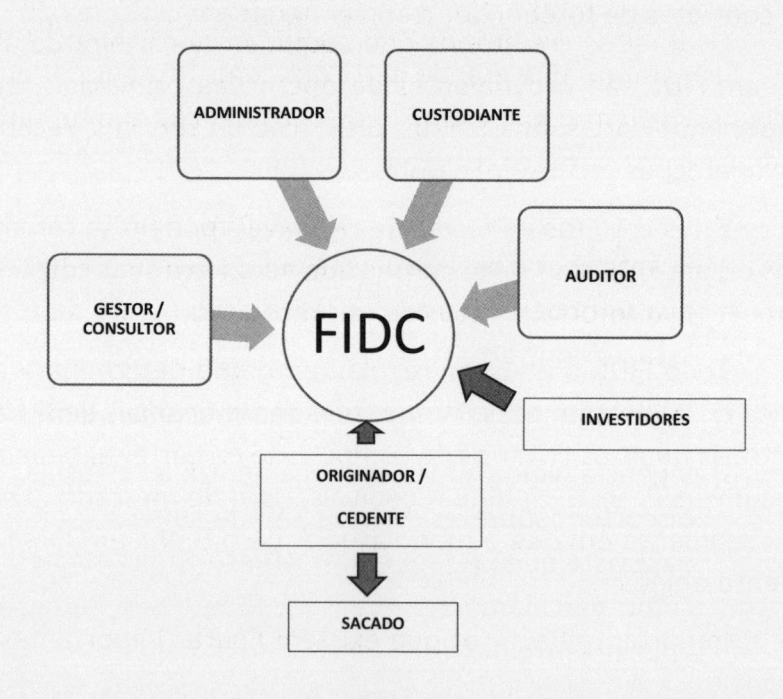

Por que operacionalizar este tipo de operação em um FIDC, Fundo de Investimento em Direitos Creditórios?

A oportunidade de realizar este tipo de operação em outro veículo que não sejam os bancos tradicionais pode ser apresentada por um custo menor, deságio, celeridade que auxiliam na tomada de decisão, e nos dias atuais sabe-se que é possível realizar operações estruturadas com segurança jurídica e focadas no interesse mútuo em pouco tempo.

Capítulo III – Critérios de avaliação do recebível

Características que devem ser observadas nos contratos passíveis de antecipação.

A princípio, o mesmo cuidado adotado nas operações de recebíveis habituais deve ser aplicado neste tipo de antecipação de contratos de futebol de "transfer agrement".

Salientamos que grande parte dos contratos objetos de antecipação devem seguir alguns requisitos básicos que tornarão a operação apta para ser concretizada, quais sejam:

1) Identificação das partes contratantes: a parte que deseja antecipar o recebível está devidamente qualificada e possui poderes para a representação no ato da assinatura do contrato;

2) O contrato possui valor em moeda nacional? Sim? Não?;

3) Vigência, valor, prazo de pagamento: as cláusulas que discorrem sobre estes itens são de suma importância, haja vista que podem existir várias condicionantes, tais como parcelamentos mensais, trimestrais, semestrais, anuais, entre outros.

4) Cláusulas condicionantes ao pagamento: aprovação do atleta junto ao clube para o qual será transferido, após realização de exames físicos, pagamento do valor devido ao clube formador do atleta, mais conhecido como o "mecanismo de solidariedade", item importante, pois o valor poderá estar incluso no valor total da negociação e merece destaque no momento da antecipação do crédito.

5) Outro tipo de cláusula condicionante ao pagamento é a adaptação do atleta ao novo ambiente de trabalho, bem como ao país, caso seja transferido ao exterior por períodos mínimos acordados nos contratos, sendo imprescindível a correta conduta, sociabilidade, disciplina, respeito e não tenha incidência por falta dentro ou fora de campo.

Estes são apenas alguns exemplos que devem ser observados antes da antecipação do recebível advindo da negociação "transfer agrement", acordo de transferência de jogadores.

Existem outros tipos de recebíveis que também auferem características importantes que devem ser analisadas.

Desta forma, fica evidente que, independentemente do desafio que lhe é proposto, ou caso diferenciado, tenha em mente que a base legal você possui, aprendeu nos bancos acadêmicos, após isso, a engrenagem está pronta pra girar e tornar o "quase" impossível em possível.

Como é dito que as mulheres são capazes de fazer várias coisas ao mesmo tempo, posso concluir que trabalhar no mercado financeiro, e ter a oportunidade de participar deste mundo futebolístico, me ofertou mais alegrias e conhecimento do que dificuldades, e sim é possível se apaixonar mais pelo futebol e trazer oportunidades econômicas para o mercado financeiro.

O mais incrível de tudo isso é mostrar que algo que nos pareça distante, pouco conhecido na verdade, é mais corriqueiro e plausível do que imaginamos, isso só reforça a magnitude de aprendizado, força de vontade que nos move a transformar e realizar coisas antes não vistas, e nos capacitar a encarar novos desafios em um mundo prontinho pra ser desbravado.

Orgulho-me sim de ser mulher e quero mostrar a todas que é possível crescer, aprender e tornar sonhos em realidade.

A mitigação dos riscos de violação aos deveres fiduciários dos administradores de sociedades empresárias através dos instrumentos de governança corporativa

Roberta Volpato Hanoff

LINKEDIN

CEO do Studio Estratégia. Advogada especialista em Direito Empresarial (FGV). Cursando MBA em Liderança e Inovação (Saint Paul Business School). Certificada Conselheira de Administração (Fundação Dom Cabral). Certificada em Compliance Anticorrupção (CPC-A). Certificada em Gestão de Riscos e Controles Internos (CICS – ICI). Auditora Líder ISO 37001:2016 e ISO 37301:2021 (Compliance e Antissuborno). Membra da Comissão de Compliance do CFOAB (2019-2021); membra efetiva do Instituto Brasileiro de Governança Corporativa – IBGC; coordenadora da Comissão Nacional de Governança e Riscos do IBDEE (2018-2019); professora; autora e articulista; palestrante; vencedora do Legal Falcons Award 2021 (Califórnia, EUA), dentre os 50 profissionais referência em inovação e empreendedorismo jurídico no mundo.

1. Introdução

A proposta de escrever sobre a prevenção à responsabilização dos administradores de organizações empresariais deveu-se não apenas à relevante transição do denominado capitalismo de shareholders[1] para o de stakeholders[2] e o crescimento da demanda ESG (ambiental, social e governança, na sigla em inglês), mas, também, aos escândalos corporativos que, desde os anos 2000, vêm demandando dos agentes e governança o recrudescimento dos controles internos e mecanismos de compliance.

Para além da geração de resultados financeiros, os *boards* executivos e não-executivos são responsáveis pelos impactos causados pela atividade empresarial dentro e fora do ambiente corporativo, motivo pelo qual o gerenciamento eficiente e tempestivo dos riscos sociais, ambientais e reputacionais, visando ao desenvolvimento ético e sustentável, tornou-se agenda inadiável e tem obrigado não apenas esses executivos, como, também,

---

[1] Também conhecido como "capitalismo de acionistas", é o "modelo que tem no lucro sua principal diretriz e que, durante muitos anos, foi responsável por promover prosperidade, abrir espaço para novos mercados e gerar empregos". (In: https://www.amcham.com.br/noticias/sustentabilidade/capitalismo-de-stakeholders-conceito-principios-e-pilares).

[2] É o modelo segundo o qual a empresa gere não apenas seus próprios interesses, mas o de todas as partes que, direta ou indiretamente, impactam ou são impactadas por sua geração de valor. (In: https://www.amcham.com.br/noticias/sustentabilidade/capitalismo-de-stakeholders-conceito-principios-e-pilares).

seus assessores jurídicos a ressignificarem a exegese dos dispositivos legais que, desde o advento da Lei n.º 6.404/76 – Lei das Sociedades Anônimas – , corroborada no Código Civil brasileiro (Lei nº 10.406/02), regulamentam o que chamamos de "deveres fiduciários" ou "deveres de vigiar."

Litígios envolvendo essa matéria costumam trazer muita insegurança à organização e suas partes relacionadas, razão pela qual cabe aos advogados atuantes no Direito Empresarial uma atuação consistente, continuada e preventiva, através da elaboração de documentos estratégicos e monitoramento de sua estrita observância por todos os integrantes do ecossistema corporativo.

2. Os deveres fiduciários dos administradores das empresas

Os diretores executivos e conselheiros de Administração de empresas são obrigados a exercerem suas atribuições sob confiança, sempre no melhor interesse da organização e evitando, portanto, conflitos de interesses.

Essa obrigação se desdobra em três deveres fundamentais, denominados "deveres fiduciários", que são a diligência, a lealdade e a informação; com base nos quais erige-se sua responsabilidade civil, administrativa e penal.

O dever de diligência, capitulado sob o artigo 153 da Lei n.º 6.404/76 e artigo 1.011 do Código Civil, consiste em investigar, vigiar e intervir, cuidando do negócio como se seu fosse.

Já o dever de lealdade, descrito nos artigos 155 da Lei n.º 6.404/76 e 1.017 do Código Civil, refere-se à obrigação do administrador de servir à sociedade, evitando beneficiar-se a si ou a terceiros em detrimento da coletividade.

Finalmente, o dever de informação, esculpido nos artigos

132, 133 e 157 da Lei n.º 6.404/76 e artigos 1.020, 1.021, 1.065 e 1.078 do Código Civil, serve à transparência à prestação de contas (*accountability*) – dois dos princípios elementares à boa governança –, e exige que os administradores disponibilizem não apenas as informações determinadas por lei ou regulamento, mas também aquelas de relevância para as partes interessadas. Ainda requer que os administradores prestem contas de sua atuação de modo claro, conciso, compreensível e dentro do prazo legal.

Por intelecção do artigo 158 da Lei n.º 6.404/76, se o administrador violar um ou alguns dos deveres fiduciários, poderá responder pessoalmente, nas esferas civil, administrativa e penal, junto à própria sociedade empresária a que está vinculado, perante todos aqueles que suportaram os danos decorrentes de sua ação ou omissão.

3. A transição do capitalismo de *shareholder* para o capitalismo de *stakeholder* amplia a complexidade dos deveres fiduciários

Até, aproximadamente, duas décadas atrás, os deveres fiduciários dos administradores eram interpretados e observados priorizando a preservação e maximização dos resultados financeiros.

Após os lamentáveis episódios de estouro da "bolha das empresas ponto com" na Nasdaq (bolsa eletrônica de Nova York), no ano 2000, fruto da alta maliciosamente forjada dos preços de suas ações, e de falência da Enron Corporation, em 2002, por fraudes contábeis fraudulentas, a confiabilidade das organizações e sua responsabilidade perante as partes interessadas foi colocada em cheque, demandando que seus administradores aprimorem sua visão de risco, instituindo controles internos, mecanismos de monitoramento contínuo e rotinas periódicas de auditorias, internas e externas; além de que seus fluxos informacionais, dentro e fora das corporações, fossem íntegros, seguros e bem estruturados – não apenas para assegurar o desempenho das funções de Diretoria e Conselho de Administração, como, também, as tomadas de decisão de financiamento e investimento por parte dos agentes de mercado.

Especificamente no que se refere ao gerenciamento de riscos, para além dos operacionais, financeiros, de fraude, de *non compliance*, tecnologia da informação e cyber segurança – cujas avaliações de probabilidade, magnitude e impacto sofrem a interferência direta dos momentos VUCA e BANI[3] – integram as agendas dos *boards* a pauta ESG, que visa o lucro sustentável, levando em conta os impactos ao meio ambiente e à sociedade, cada vez mais ativista.

Dessa forma, os administradores veem-se obrigados a atuar em conformidade com um modelo diferente de capitalismo: o de *stakeholders*; podendo ser responsabilizados por não agirem em respeito às expectativas das partes interessadas.

Fato é que, com a transição do capitalismo de *shareholders* para o de *stakeholders*, passa a ser considerada quebra de dever fiduciário não apenas a ação intencionalmente lesiva do administrador, mas, também, **a sua omissão na prevenção** de prejuízos às partes relacionadas ao negócio.

---

[3] O mundo VUCA é definido por meio de 4 pilares: Volatilidade (Volatility); Incerteza (Uncertainty); Complexidade (Complexity); Ambiguidade (Ambiguity), que podem complementar a análise de SWOT do seu negócio. Já o mundo BANI se refere aos desafios enfrentados no século presente. A sigla BANI significa, originalmente: Frágil (Brittle); Ansioso (Anxious); Não linear (Non-linear); Incompreensível (Incomprehensible).

4. A mitigação dos riscos de violação aos deveres fiduciários dos administradores

Uma vez compreendidos os deveres fiduciários, a complexidade que o capitalismo de *stakeholders* lhes confere em interpretação e, por conseguinte, o aumento da exposição dos administradores aos riscos de responsabilização, mitigá-los é preciso. Essa mitigação pressupõe a elaboração – ou, caso já existente, revisão –, implantação, adequada comunicação e monitoramento de observância dos principais instrumentos jurídicos que delineiam a boa governança.

A propósito, assim é definida a governança corporativa pelo Instituto Brasileiro de Governança Corporativa – IBGC[4]:

"Governança corporativa é um sistema formado por princípios, regras, estruturas e processos pelo qual as organizações são dirigidas e monitoradas, com vistas à geração de valor sustentável para a organização, para seus sócios e para a sociedade em geral. Esse sistema baliza a atuação dos agentes de governança e demais indivíduos de uma organização na busca pelo equilíbrio entre os interesses de todas as partes, contribuindo positivamente para a sociedade e para o meio ambiente."

Ademais das leis, normas e regulamentos vigentes, as empresas têm sua governança regida por seus atos constitutivos (estatuto ou contrato social, a depender do modelo societário); o acordo de sócios; o regimento do Conselho de Administração; o código de conduta ética; bem como as principais políticas que, mediante abordagem baseada em risco, derivarão a modelagem de processos, procedimentos e controles para os processos mais críticos ao negócio – por exemplo, a política de riscos, *compliance*, gestão e desenvolvimento de pessoas, suprimentos, sustentabilidade e meio ambiente, remuneração variada, distribuição de dividendos, etc.

---

[4] Código das melhores práticas de governança corporativa. 6.ed. Instituto Brasileiro de Governança Corporativa. São Paulo, SP: IBGC, 2023, p. 17.

Começando pelos atos constitutivos, estes estabelecem as principais regras de estabelecimento e funcionamento das organizações empresárias, distinguindo-se o estatuto social (para Sociedades Anônimas) e o contrato social (Sociedades Limitadas) de acordo com as particularidades de cada modelo societário.

Para que corroborem a boa governança e, consequentemente, a prevenção da responsabilização dos administradores por descumprimento dos deveres fiduciários, estes documentos devem contemplar, ademais das cláusulas-padrão, expressamente ditadas pelo Código Civil e pela Lei nº 6.404/76: papéis e responsabilidades, alçadas, tempo de mandato de cada diretor e/ou conselheiro, bem como os direitos e obrigações dos sócios; mecanismos de solução de conflitos entre sócios, investidores, administradores e entre esses e a sociedade, podendo ser amigável, por arbitragem ou tutela jurisdicional; e rotinas informacionais acerca das principais decisões e atos referentes aos procedimentos arbitrais e de mediação de conflitos.

Ao ancorar o estatuto ou o contrato social, recomenda-se a celebração de um acordo de sócios, tendo por objeto temas considerados importantes e sensíveis como: o exercício do direito a voto e poder de controle; a compra e venda de cotas ou ações pelos signatários e suas condições para pagamento; a preferência na aquisição de participações dos demais sócios; a admissão ou exclusão de sócios; a sucessão de quotas ou ações em caso de falecimento; a proteção ao patrimônio da sociedade em situações de endividamento ou litígio; os meios de solução de situações de conflitos de interesses; os deveres de sigilo e confidencialidade; impedimento à concorrência desleal, dentre outros.

Importa esclarecer que o acordo de sócios não se confunde com os regimentos internos do Conselho de Administração ou do Conselho Fiscal, e por premissa de *compliance* não lhe é admitido vincular votos de conselheiros, ou abordar indicações para quaisquer cargos dos níveis estratégico e executivo.

Já no que concerne ao regimento interno, seu objetivo é disciplinar as atividades do Conselho de Administração e seus comitês de apoio, a fim de lhes afiançar a aderência aos princípios da governança corporativa; às leis, normas e regulamentos aplicáveis à atividade empresarial; bem como às posturas ditadas em estatuto ou contrato social.

É no corpo do regimento que se descrevem: as práticas de monitoramento e apoio dos conselheiros aos diretores – dada a importância do órgão colegiado à representação dos interesses dos donos do capital (sócios e investidores) e intermediação do relacionamento destes com a gestão –; além daquelas que promovem a disseminação da cultura ética, desde as tomadas de decisão até a operação propriamente dita; a criação de valor sustentável de longo prazo, buscando, em cada deliberação, o equilíbrio entre as demandas dos *stakeholders* impactados; pelo que preconiza a agenda ESG e a nova lógica do capitalismo; o monitoramento permanente dos impactos das deliberações, de modo a que eventuais necessidades de correção ou melhoria sejam prontamente identificadas e tratadas (principalmente aquelas que caracterizarem desvio de conduta, intencionais ou não, e que puderem expor a organização a riscos financeiros, legais e de imagem); a definição das principais políticas da empresa e a aprovação dos termos respectivos[5]; fluxo de informações e comunicação com os sócios e com as partes interessadas; o acompanhamento do desempenho da Diretoria Executiva; a interação com os auditores internos e a contratação e avaliação das entregas das auditorias externas; a supervisão e garantia de que as demonstrações financeiras correspondem fielmente à situação econômica, financeira e patrimonial da organização; a verificação periódica dos demais riscos corporativos relevantes às partes interessadas, notadamente os ambientais, sociais e aqueles relacionados à própria estrutura e dinâmica da governança, bem como a definição do apetite a riscos do negócio e alocação dos

---

[5] Nas organizações em que não exista o conselho, os sócios passam a responder por essa atribuição.

recursos necessários à eficiência, eficácia e economicidade do sistema de controles internos.

Outrossim, o regimento e, até mesmo, o contrato firmado com cada conselheiro deve prever seu compromisso de independência e autonomia perante o sócio, grupo acionário, administrador ou parte relacionada que o tenha indicado para o cargo, como forma de defender a organização de riscos de conflitos de interesse gerados por cobranças ou pressões indevidas, sob pena de, em não sendo viável a atuação isenta, operarem-se a renúncia ou a destituição, conforme o caso.

Tocante à gestão de riscos, trata-se do coração da boa governança e, estreme de dúvidas, o principal pilar à prevenção da violação aos deveres fiduciários dos administradores e, portanto, sua responsabilização nas esferas administrativa e judicial. Por isso, é imprescindível a construção de uma política dedicada, que prescreva o *modus operandi* dos conselheiros e diretores na identificação, avaliação, priorização, mitigação e monitoramento contínua dos riscos, sempre baseados no apetite previamente estatuído; a geração de registros das análises realizadas, criando-se um histórico que evidencie, com a esperada materialidade, a ciência e o refreamento dos principais riscos à atividade organizacional; e a supervisão dos controles internos pelos *boards* executivo e não executivo.

Por fim, o código de conduta ética é o conjunto de regras que delineiam os princípios e valores éticos da organização, redigido com o apoio de todas as áreas de gestão, e que visa disciplinar as relações entre sócios, conselheiros, diretores, colaboradores, fornecedores e demais partes interessadas, bem como as suas relações para com o negócio. A cocriação do documento, além de engajar e fortalecer a sensação de pertencimento dos colaboradores, facilita o aprendizado e a multiplicação do conhecimento de suas disposições.

Superação do etarismo como meta do planejamento estratégico empresarial

Rosangela de Paula Neves

LINKEDIN

Advogada desde 1985, é pós-graduada em Direito do Trabalho pela Pontifícia Universidade Católica (PUC) e Filosofia pela Estácio, com MBA em Direito da Economia e da Empresa pela Fundação Getulio Vargas (FGV) e MBA Executivo Internacional pela FGV/Ohio University. Possui 38 anos de experiência profissional, tendo sido aprovada por concurso público como advogada na Telesp, onde atuou também como "advogada de negócios" em duas diretorias comerciais da Telesp Celular e como gerente de compras da Vivo. Foi colunista do "Jornal da 3ª Idade" e membro da Comissão Provisória do Fórum Paulista de Conscientização do Envelhecimento. É advogada autônoma e mediadora cadastrada pelo Tribunal de Justiça de São Paulo (TJSP), membro da Comissão Especial dos Direitos da Pessoa Idosa da Ordem dos Advogados do Brasil (OAB/SP) e colunista da Revista "Melhor Viagem 60+".

"Planejamento de longo prazo não lida com decisões futuras, mas com o futuro das decisões presentes." Peter Drucker

Ser empresário no Brasil requer grande resiliência e habilidade nos negócios, quer pela intensa burocracia desde o estágio inicial de abertura da empresa, quer pela excessiva carga tributária do país.

O sucesso de empreender depende, ainda, de um planejamento estratégico que nada mais é do que a definição das metas e ações a serem tomadas, explorando as melhores condições para alcançar os objetivos da empresa, estabelecer-se e conquistar espaço no mercado e, com isso, chegar ao progresso empresarial e ao fortalecimento da economia de mercado.

Um dos pontos nevrálgicos dessa administração eficaz é a folha de pagamento, já que ela afeta consideravelmente o lucro da empresa. Por isso, dentro do setor de RH, a taxa de *turnover*[1] é uma das que mais impactam a operação e a saúde financeira da empresa como um todo.

Essa rotatividade de pessoal não somente prejudica o caixa da empresa, como afeta a produtividade e gera uma percepção negativa sobre a empresa como local de trabalho (desvalorizando sua marca).

---

[1] Percentual de substituição de antigos colaboradores por novos, em determinado período (geralmente anual).

Aliado a esses fatores temos o aumento da expectativa de vida no Brasil, o que vem modificando de forma significativa a população economicamente ativa que, naturalmente, tenta manter-se empregada.

Isso porque o envelhecimento da população brasileira, como é público e notório, cresce em níveis alarmantes. Segundo pesquisa realizada pelo Ipea (Instituto de Pesquisa Econômica Aplicada), a proporção de pessoas idosas em 2100 poderá chegar a 40,3%, enquanto o percentual de jovens (com menos de 15 anos) poderá cair para 9%.

Esse processo de longevidade no Brasil vem ocasionando, como consequência lógica, a alteração dos cenários macroeconômicos e previdenciários de longo prazo.

Portanto, a sobrevivência dessas empresas também depende de um planejamento de longo prazo que abarque a mudança de cultura e a criação de políticas de inclusão, investimento em saúde ocupacional e a valorização desse trabalhador, que fatalmente permanecerá por um período maior no mercado de trabalho.

Sem planejamento estratégico e gestão da inovação, visando unir o entusiasmo de novos talentos e a experiência dos colaboradores antigos, **não se vence o etarismo**[2]. As empresas têm que entender a importância de fomentar a **intergeracionalidade** no mercado de trabalho.

Ao contrário do que se pensa, o encontro de gerações de idades diferentes e em equipes multifuncionais possibilita aprendizado constante com a diversidade de experiências, inclusão e maior conscientização com o envelhecimento ativo.

O etarismo é um preconceito que afeta negativamente as pessoas em vários segmentos e se manifesta, também, como

---

[2] Também conhecido como ageísmo ou idadismo (só incluído no Dicionário da Língua Portuguesa em abril de 2023), é a atitude de discriminação e preconceito com base na idade.

uma discriminação no mercado de trabalho, tanto no processo de contratação, como causa do processo de desligamento, o que muitas vezes impede os profissionais muito novos ou mais velhos de perseguirem suas metas pessoais, podendo prejudicar sua subsistência, sua saúde mental e até reduzir sua expectativa de vida.

O impacto do etarismo é sentido na interrupção de carreiras e empreendimentos, quando oportunidades são negadas a pessoas mais velhas por considerá-las menos capazes ou menos valiosas.

Igual tratamento se aplica a candidatos recém-formados, cuja dificuldade de ingresso no mercado de trabalho tem como fator determinante a tenra idade relacionada à falta de experiência, como sinônimos de incompetência.

Recordo-me quando concluí, aos 21 anos, o curso de Direito (bacharelado em Ciências Jurídicas e Sociais) e, no último ano de faculdade, já realizava audiências trabalhistas, cumulando as figuras de estagiária da OAB/SP e preposta (o que era admitido naquela época), ocasião em que fui aprovada no Exame da OAB.

Mesmo tendo advogado desde o início, aos 23 anos passei a ser advogada de duas empresas e, não raro, me perguntavam em reuniões e audiências se eu ainda era estagiária, como se o fato de ser nova fosse incapacitante.

E como se combate o preconceito etário?

Respeito, empatia e solidariedade, alguns dos valores essenciais para ajudar a evitar o preconceito, fazem parte das chamadas "competências socioemocionais".

De acordo com Anita Abed, consultora da Unesco (Organização das Nações Unidas para a Educação e Cultura), *"a gente está falando de uma mudança de cultura, de compreensão de vida, do que a gente acredita que é o ser humano, o conhecimento, a aprendizagem e de qual é o papel da escola. O conhecimento em si deve ser amplamente significativo e prazeroso, algo da ordem socioemocional".*

Há, portanto, a necessidade de se investir no aculturamento de forma determinante para o aumento da consciência pública, na medida em que o preconceito etário exige políticas públicas, mas também deve ser combatido com ações afirmativas e trabalho de convencimento no âmbito privado.

Não se pode perder de vista que o artigo 7º, inciso XXX, da Constituição Federal, proíbe a diferença de salários, de exercício de funções e de critérios de admissão por motivo de idade.

O artigo 96 do Estatuto da Pessoa Idosa, por sua vez, descreve o preconceito como delito na hipótese de ocorrer a discriminação da pessoa idosa, cuja pena prevista é de seis meses a um ano de reclusão e multa. Se a pessoa que cometer o crime for responsável pela vítima, a pena será aumentada em até 1/3.

Portanto, a nosso ver, esse é um tema que requer emergente enfrentamento pelo Poder Público e pelas empresas no meio corporativo, principalmente diante da previsão de envelhecimento galopante da população atualmente ativa.

A realidade é preocupante porque as empresas que, equivocadamente, continuam sem adotar estratégias específicas para manter ou atrair talentos na faixa etária superior a 40 anos, perderão uma experiência valiosa e podem até ter a saúde financeira abalada pela rotatividade de pessoal, o que não nos parece estratégico diante do cenário de envelhecimento que já se encontra em curso.

> *"Se eu não fizer pelos outros o que não fizeram por mim, não terei aprendido nada."* Inocência Manoel

E como as empresas brasileiras devem enfrentar o envelhecimento da população trabalhadora e o próprio etarismo?

Por meio de pesquisa, constatou-se que 48% das organizações brasileiras mantêm programas relacionados à diversidade geracional, entretanto, cerca de 70% das companhias contrataram muito pouco ou nenhum profissional com mais de 50 anos, nos últimos dois anos.

Isso significa que o próprio mundo corporativo ainda engatinha no sentido de implementar a inclusão genuína de trabalhadores de diversas idades e, com isso, explorar a intergeracionalidade no mercado de trabalho.

Estudos realizados com grande número de trabalhadores comprova que o etarismo se instala cada vez mais cedo e ainda persiste no ambiente profissional, afetando várias faixas etárias. No caso, a faixa que mais sofre preconceito atualmente é a dos profissionais entre 40 e 49 anos (56%).

E não se engane: o etarismo já chega a atingir profissionais acima de 30 anos de idade.

Esse viés empresarial acaba fortalecendo a ideia de que, ao atingir determinada idade, o profissional perde totalmente sua capacidade intelectual e física, o que não é verdade.

Isso resulta em dificuldade de recolocação no mercado, perpetuando a discriminação e o preconceito etário que precisam ser superados.

As empresas de consultoria mais visionárias já estão se especializando em processos de contratação que privilegiam pessoas mais velhas. É o caso do Vale do Paraíba, onde pessoas com idade acima de 40 anos estão sendo contratadas em maior quantidade graças à mudança de critérios e quebra de paradigmas por *headhunters*.

Homens e mulheres na faixa de 35 a 50 anos se tornaram objeto de desejo por organizações empresariais, que consideram que as pessoas mais maduras, profissionalmente, representam estabilidade para a corporação e estão sendo aproveitadas em cargos de chefia.

Alguns *cases* citados pelo Ipea ressaltam as iniciativas de empresas do Vale do Paraíba na valorização e inclusão de trabalhadores maduros, a exemplo do programa "Maturidade", que propõe buscar profissionais com mais de 40 anos para incluí-los no mercado de trabalho, mesmo que a maioria não trabalhe com tecnologia.

Para tanto, cursos de inclusão digital são fornecidos a título de capacitação desse profissional maduro.

Outras empresas já possuem programas de prevenção e inclusão desses trabalhadores, visando ao remanejamento interno para prolongar a permanência do funcionário.

Um exemplo recente citado pela consultora de carreira **Valdirene Ferreira**, com quem trabalhei no passado e é idealizadora da página "Encontre a sua Vaga", diz respeito à recolocação de um cliente do sexo masculino, com 67 anos de idade, que havia atuado como diretor da área industrial e não conseguia mais ser inserido no mercado de trabalho em decorrência da idade. A mudança da estratégia do perfil profissional realizado pela consultora resultou em sua admissão no mesmo nível, como diretor industrial.

São iniciativas que merecem destaque, uma vez que a existência de políticas públicas, sem a participação estratégica do empresariado quanto à criação de vagas específicas, eliminação do preconceito desde a contratação, capacitação dos gestores e equipes, promoção de ações educativas sobre o envelhecimento e, principalmente, a estimulação da convivência intergeracional, jamais resolverá o problema.

"No final, não são os anos da sua vida que contam, e sim a vida ao longo desses anos." Abraham Lincoln

Não se pode perder de vista que, com o crescimento da tecnologia, o mundo corporativo também sofreu grandes impactos com o surgimento de gerações sem apego às instituições e que banalizaram a lealdade nas relações com o empregador.

Esse choque de gerações pela diversidade sociocultural provocou grandes mudanças pela falta de envolvimento interpessoal e, por consequência, agravou o etarismo.

Mesmo sendo um problema latente nas organizações, a maioria das empresas permanece sem mecanismos e políticas de RH que apaziguem o conflito.

A grande contradição que se destaca é o fato de uma empresa ser considerada confiável e competente quanto maior o tempo de permanência no mercado, enquanto um empregado que dedicou anos de trabalho na construção do nome dessa mesma empresa passar a ser visto como obsoleto em função da idade, sem que sua trajetória profissional seja relevada.

Reduz-se a permanência desse empregado maduro no mercado de trabalho, mesmo que continue ativo e capacitado para o exercício de suas funções, enquanto as leis previdenciárias enrijecem suas regras, postergando cada vez mais a concessão de aposentadoria.

No final, não são os anos de vida do trabalhador que definem sua "utilidade" e competência, mas a maneira como esse indivíduo envelhece.

Nos termos da Lei nº 10.741/2003, é considerada **pessoa idosa** o cidadão com **idade igual ou superior a 60 anos.**

Com o aumento de mais 20 anos na expectativa de vida mundial em 2010, a maioria das pessoas com idade igual ou superior a 60 anos continua em plena atividade, trabalhando, estudando, se exercitando, se divertindo, cuidando de seus familiares e de sua comunidade, sendo responsáveis, inclusive, por boa parte da renda familiar.

Essa geração denominada *Baby Boomer* (devido ao aumento do número de nascimento de bebês após o fim da 2ª Guerra Mundial, em 1945) valoriza o trabalho e adia a aposentadoria para se manter ativa.

Ainda que em 2016 tenha havido uma campanha global pela OMS (Organização Mundial de Saúde) visando definir estratégias para reduzir o etarismo, pessoas jovens e idosas são frequentemente desfavorecidas no local de trabalho.

Muito se discute, a nível mundial, quais ações são eficazes para a redução do idadismo, que causem impacto na população e promovam a inclusão no mercado de trabalho.

Algumas iniciativas empresariais parecem combater o problema, quais sejam:

- ✓ Promover a diversidade humana e etária na organização, mantendo pessoas idosas economicamente ativas (desde que respeitadas suas condições físicas, intelectuais e psíquicas, em conformidade com o Estatuto da Pessoa Idosa), a fim de obterem melhores resultados e serem socialmente engajadas;
- ✓ Implementar um processo seletivo específico para trabalhadores maduros, a fim de eliminar a discriminação por idade no processo de recrutamento e seleção;
- ✓ Construir uma imagem de postura ética ao divulgar e combater o preconceito e a discriminação, desmitificando estereótipos e fortalecendo sua marca;
- ✓ Investir na educação a longo prazo, inclusive orientando sobre o envelhecimento ativo, saúde, desenvolvimento profissional e até educação financeira;
- ✓ Criar oportunidades para a pessoa idosa trabalhar, ensinar, inspirar e motivar a cultura da longevidade ativa;
- ✓ Promover eventos de voluntariado que divulguem e conscientizem a sociedade sobre a necessidade da longevidade ativa, inclusive junto aos mais jovens;
- ✓ Investir em integração intergeracional, a fim de facilitar

o contato, promover a criatividade, a inovação e a interdependência de tarefas nas equipes multidisplinares e de diferentes idades;

✓ Oferecer opção de trabalho flexível;

✓ Valorizar a experiência e maturidade profissionais, atribuindo-lhes cargos gerenciais ou mentorias, dentre outras.

Quanto mais visionária for a empresa, mais rápido contribuirá para a alteração do cenário atual e, ao reconhecer que o trabalhador maduro também é capaz de gerar riqueza, se tornará um pilar essencial para a mudança estrutural da sociedade, a exemplo do que aconteceu na França.

Para aproveitar o crescimento do mercado interno de consumo de bens e serviços destinados aos idosos e estimular a indústria e a balança comercial, a França passou a considerar, como estratégia para o desenvolvimento econômico, ser indispensável a inserção do trabalhador de 50 a 64 anos no mercado de trabalho, o que acabou solucionando os problemas da aposentadoria precoce e do desemprego a partir dos 50 anos.

Foram criadas, ainda na França, ferramentas de comunicação (campanhas publicitárias), integração e regulamentação, com o desenvolvimento de **selos de reconhecimento por órgãos públicos** conferidos às instituições consideradas "amigas do idoso" e que "atendem às necessidades da pessoa idosa", além de ampliar o poder de compra com a criação de produtos financeiros adaptados às necessidades da pessoa idosa.

No Brasil, o cenário é outro: programas isolados e sem regulamentação pela iniciativa privada não se tornam exigíveis, resultando na marginalização da pessoa idosa na atividade econômica, principalmente pelos efeitos danosos da informalidade.

Conclui-se, portanto, que há necessidade de se estabelecer uma ação nacional da iniciativa privada, que fomente ações de gestão de pessoal e promova a inclusão da pessoa idosa, em conjunto com a implementação de políticas públicas que concedam incentivos fiscais às empresas e ao trabalhador que necessita de educação continuada, adoção de uma política de saúde e de medidas que possibilitem a empregabilidade desse trabalhador maduro em igualdade de condições com outras faixas etárias.

Parceria e Persuasão para gerar Resultados

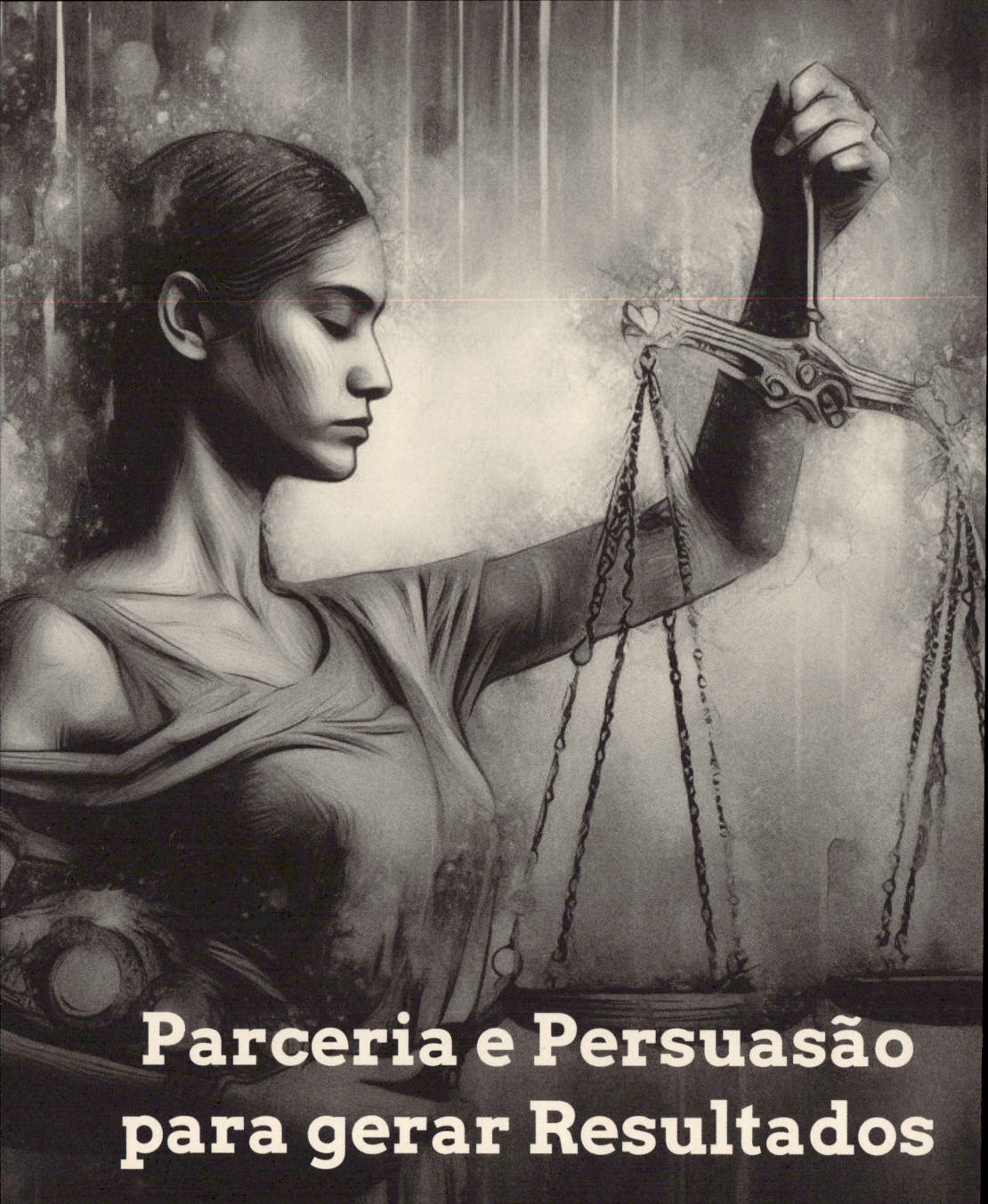

Soraya Nousiainen

LINKEDIN

Gestora responsável pelo Jurídico Societário do Grupo Omni&Co.

Pós-graduada em Especialização em Direito Empresarial e contratual pela Pontifícia Universidade Católica de São Paulo (PUC-SP).

Atua há 15 anos em Direito Empresarial de instituições financeiras. Trabalhou como advogada no Banco Cetelem, do Grupo BNP Paribas, no Grupo Votorantim e no Itaú Unibanco. Atualmente está à frente do jurídico societário das mais de 50 empresas que integram a Omni&Co, responsável pela regulação de parte delas perante o Banco Central do Brasil e demais órgãos, atuando no processo de fusões e aquisições e relações entre seus sócios.

Integrante da Comissão Especial da Advocacia Empresarial da OAB/SP, membro do "Jurídico de Saias", Grupo Mulheres do Brasil e participante do Fórum DREX do Banco Central.

No início da minha carreira, sempre em empresas, observei em diversas situações que os advogados são formados sempre com a mentalidade da assessoria jurídica contenciosa, de embate e com padrão extremamente rígido tanto técnico, como de relacionamento com seus clientes e que muitas vezes resultavam em casos inacabados, volume de demandas sem solução para gerenciar e relacionamentos estremecidos, e por fim, uma grande dificuldade em inovar por parte desses profissionais, ou uma certa resistência na utilização de tecnologias.

Com o passar do tempo, trabalhando em instituições financeiras formadas em sua grande parte por profissionais das áreas de exatas, eu queria entender como juntar esses mundos, comunicar melhor os riscos jurídicos e alternativas que pudessem mitigar tais riscos, ou pelo menos buscar sinergia; foi no Itaú Unibanco que entendi que isso era possível, trazer uma solução de forma objetiva e mantendo um relacionamento de confiança; agora na Omni, com um jeito que eles gostam de chamar de "jeito omni de ser" ou "omnização", eu vivencio isso, na prática, de forma que parece até uma utopia, mas é real.

Muitas vezes, ao tratar com um cliente, suponho que alguns advogados acreditem que a postura rígida e o uso demasiado de termos técnicos, como expressões complexas ("juridiquês"), trarão uma sensação de segurança, mas em diversas situações eles resultam em um parecer enorme parado na caixa de entrada do e-mail do cliente interno, que se estende para uma reunião de interpretar esse parecer e o resultado é uma demanda inacabada.

A postura é sim muito importante, incluindo o conhecimento técnico, mas ela precisa originar parceria, persuasão e resultado para o negócio.

Essa para mim é a receita de sucesso de um *deal* no Direito Empresarial e do advogado que conduziu uma postura simétrica nas relações corporativas, que gere **Parceria, Persuasão** e **Resultado para o negócio.**

Parceria

"Tudo o que você faz deve estar direcionado a um objetivo. Mantenha esse objetivo em mente." Sêneca

O advogado deve ser diligente e ter conhecimentos jurídicos para avaliar e apontar os riscos ao seu cliente, mas isso não o impede de pensar em alternativas seguras que tenham um resultado positivo ao negócio pretendido ou medidas de gerenciamento a fim de evitar tais riscos.

Novas teses jurídicas vieram porque alguém ousou discordar e buscar novas alternativas.

Para ilustrar a aplicação desta postura, utilizarei o cenário de 2023 das aquisições com relação ao que aconteceu em anos anteriores, que trata exatamente de cenários tão opostos que exigiu dos advogados, e ainda mais das mulheres advogadas, extrema inteligência emocional.

Em meio ao caos da pandemia de Covid19, o valor da taxa Selic (sigla para Sistema Especial de Liquidação e de Custódia) ficou fixado em 2% ao ano entre agosto de 2020 e março de 2021, o que resultou em um número elevado de negociações para novas aquisições, como seguros de automóveis, tecnologia e serviços com relação ao mercado em que estou inserida.

Além do cenário da política monetária, havia um aumento na necessidade de consumo de tecnologia, pois era algo essencial para a continuidade dos negócios até para aqueles que resistiram por tanto tempo, que tiveram de ceder.

O foco da aquisição era enorme, muitas negociações para aquisições mudavam constantemente, era imprescindível acompanhar a necessidade do negócio e ter informações para conseguir construir a melhor estratégia para defender o investidor.

Em meio a isso, tudo era urgente, a *Due Diligence, valuation*, acordos de investimentos precisavam ser realizados em um prazo curto e em conjunto.

Para ilustrar o cenário, eram pessoas de áreas diversas trabalhando em conjunto com prazos extremamente curtos, reuniões com os responsáveis pela adquirida e conclusões, com um tempero adicional, com a sua vida pessoal por vezes sendo exposta. Há uma maneira de chegar em algum lugar se tudo isso não tiver parceria entre os envolvidos, a fim de concluir? Estávamos tratando de compartilhar informações e pouco tempo para qualquer erro na revisão para trazer resultado para um negócio em meio a um cenário instável.

A **parceria** é a soma de **Autoconhecimento, Escuta ativa** e **Estratégia argumentativa.**

Precisamos entender diversos interlocutores corporativos, buscar o máximo de informações e para isso é necessário quebrar a barreira da rigidez.

"Não é o crítico que importa; nem aquele que aponta onde foi que o homem tropeçou. O crédito pertence ao homem que está por inteiro na arena da vida, cujo rosto está manchado de poeira, suor e sangue; que luta bravamente; que erra, que decepciona, porque não há esforço sem erros e decepções; mas que, na verdade, se empenha em seus feitos; que conhece o entusiasmo, as grandes paixões; que se entrega a uma causa digna;

que, na melhor das hipóteses, conhece no final o triunfo da grande conquista e que, na pior delas, se fracassar, ao menos fracassa ousando grandemente." *Theodore Roosevelt*

O autoconhecimento lhe permite ter a coragem de questionar, para elaborar o instrumento adequado para o seu cliente, entender a dor e o desejo deste cliente; você precisa se conhecer, ter consciência de até onde você sabe e questionar, muitas vezes, na frente dos fundadores daquela ideia se possuem todo conhecimento da atividade ou da pessoa que deseja adquirir, que neste caso era de quem eu precisava defender os interesses com a intenção de apoiar; isso trouxe, na verdade, uma conexão com um colega por quem tenho o mais profundo respeito e admiração até hoje.

Conseguimos incluir as demandas identificadas no documento de fechamento para que o vendedor ficasse responsável por quitar as dívidas.

O *valuation* é o pontapé inicial para aquisição de uma sociedade, ele é a informação que mensura o valor real do negócio, ter escuta ativa para compreender os motivos e objetivos daquele negócio.

Em todas as negociações de aquisições me recordo que eu era a única mulher nas reuniões iniciais, o que poderia me fez aprimorar a capacidade de leitura do interlocutor, aprimoramento na adaptação discursiva ao perfil do outro.

Ao ter autoconhecimento sobre seu estilo de liderança isso impacta diretamente na sua estratégia de argumentação.

A estratégia argumentativa precisa ser bem elaborada, pois muitas vezes a conclusão de um negócio está atrelada à validação de órgãos como o Banco Central do Brasil e Juntas Comerciais. Quando se fala de aspectos formais e/ou estilo de redação, podem haver empasses entre profissionais, porém, por mais insignificantes que pareçam os aspectos formais, podem ser grandes obstáculos para garantir o prazo do fechamento de determinado negócio, e trazer algo tão insignificante para uma mesa com diretores sedentos por assinar e fechar o negócio pode parecer difícil, mas necessário.

Em alguns casos, em negociação de contratos lidamos com clientes internos de áreas distintas, a adaptação na forma de comunicação com base na linguagem do interlocutor facilita a troca de informações, coisas simples como argumentações com referências em números ou com analogias no conhecimento em comum entre as áreas, ou até mesmo uma comunicação objetiva, podem ajudar a mapear melhor as informações necessárias para que a assessoria dada pelo jurídico tenha efetividade e valor.

Persuasão

"Retórica é a capacidade de descobrir o que é adequado a cada caso com o fim de persuadir." *Aristóteles*

Uma grande dificuldade dos clientes internos que observei era uma certa resistência em pedir apoio na formalização de negócios jurídicos pelo receio da resistência ou morosidade do jurídico, e por vezes acabavam fechando contratos sem o devido apoio e avaliação legal, ou pior, serviços eram prestados sem nenhuma formalização. Esses são alguns dos resultados negativos quando não se encontra a sinergia entre o operador do Direito e seus clientes.

A persuasão é sobre o outro, observar e mapear procedimentos de leitura do outro para adaptação da abordagem argumentativa mais adequada ao perfil e estilo de comportamento da outra pessoa com quem você interage com ênfase no propósito e na proximidade impacta diretamente o resultado, como aconteceu quando adquirimos a Finsol, uma empresa de microcrédito com foco no Nordeste. A Omni adquiriu a Finsol em 2022 e houve uma reestruturação, nestes casos lidamos com diversas mudanças de departamentos e realocação de atividades, absorvemos as atividades da adquirida e isso necessitava de maior empatia para a continuidade das atividades.

O advogado consultivo empresarial deve ajustar sua visão sobre os possíveis conflitos evitados, adotar uma postura consultiva em sua essência, ouvir a dor e o desejo do cliente e avaliar alternativas, inovar dentro do que é possível legalmente.

Resultado nos negócios

Quando o advogado empresarial é acionado, o cliente busca segurança e apoio para a concretização de um negócio (Resultado nos Negócios), por este motivo o advogado deve adotar uma postura de parceria (demonstrar que tem o mesmo objetivo) e persuasão (adaptação da abordagem argumentativa juridicamente possível para chegar neste objetivo).

A realidade dos negócios e o cenário atual das aquisições é bem diferente dos anos anteriores, agora a tendência é de venda e não de aquisições, isso impacta diretamente a transição inversa de informações e protege o cliente de demandas futuras.

Antes adquirimos empresas e em 2023 empresas foram vendidas, como foi o caso da aquisição da Pagbem pela Edenred, dona da Ticket e Repom, mercado de gestão de frete para transportadoras e caminhoneiros. Nesse momento precisávamos nos adaptar a novas formas de governança e adotar um novo modelo de gerenciamento, o resultado buscado era diferente, precisávamos adaptar nosso argumento e quem estávamos defendendo, antes éramos os investidores e neste momento estávamos como a parte adquirida.

De outro prisma, alguns negócios permaneceram, como no caso da empresa Omni 1, agregando mais valor ao negócio que já tínhamos de financiamento de veículos oferecíamos também o seguro veículos.

Em 2023 o Brasil possuía um número exponencial de recuperações extrajudiciais, devido ao nível de endividamento e juros elevados que, em 2021, eram de 2%, e em 2023 a taxa Selic estava em 13,75% e claro que esse também é o reflexo, por isso, o advogado interno de uma empresa não pode avaliar um negócio de forma pontual, toda demanda deve ser gerenciada.

A ação mais importante que se pode ter para assessorar um cliente é ter uma postura efetivamente consultiva, o contencioso e plano de fundo para buscar formas de evitá-lo, mas o discurso do advogado empresarial deve ser consultivo, realizar perguntas exploratórias, avaliar oportunidades e o desejo do cliente, e gerenciar os resultados posteriores à conclusão do negócio, que certamente impactará futuras demandas como foi no cenário de 2021 para 2023.

Por vezes, houve situações nas quais não pude sugerir alternativas para viabilizar de forma segura determinado negócio pretendido por um cliente; mesmo que aparentemente seja um parecer negativo sugerir que este cliente não prossiga com uma negociação, o resultado é positivo em proteger o cliente e o negócio de forma ampla, como ocorreu em determinado caso em que identificamos na *Due Diligence* riscos de imagem excessivamente elevados que poderiam recair sobre o investidor. Nenhuma cláusula ou garantia poderia impedir que esse risco ocorresse ou fosse efetivamente ressarcido, pois os impactos negativos eram imensuráveis do ponto de vista financeiro.

Mesmo quando o parecer for com a recomendação de que não seja realizado determinado negócio, se a relação entre o cliente e o advogado é pautada em parceria, esse retorno não será recebido como rigidez ou legalismo, mas como proteção de riscos e confiança.

Minha orientação para um profissional que atua no jurídico corporativo é: ultrapasse o limite de dar uma recomendação negativa, com argumentos puramente pautados na legislação, crie parcerias, entenda o negócio e o que se pretende realizar, explore, questione, use uma comunicação mais adequada ao seu interlocutor, avaliar o que se deseja realizar, proponha alternativas, se necessário e possível juridicamente, e traga resultados.

Abaixo um quadro da fórmula que resume a postura consultiva mais assertiva, na minha visão:

POSTURA Com FOCO em		
Parceria Autoconhecimento Escuta ativa Estratégia argumentativa	**Persuasão** Observar o outro Adaptar a comunicação ao interlocutor	**Resultado do negócio** Buscar alternativa juridicamente possível

A responsabilidade do sócio sob a perspectiva da Justiça do Trabalho

Tathyana Borazo Rubira

INSTAGRAM

Advogada formada em 2004, especialista em Empresas Familiares – Governança e Planejamento Jurídico pela FGV-GVLaw (Fundação Getulio Vargas), em Direito Processual Civil pela PUC/SP (Pontifícia Universidade Católica) e Direito Empresarial pelo INPG – Campinas/SP.

Advogada e sócia-fundadora do escritório Folgosi & Rubira Advogadas Associadas.

Atua há mais de 15 anos na área de Direito Empresarial, tanto no preventivo, quanto no contencioso.

Parte 1 – Nascimento da paixão pelo Direito

Durante os cinco anos de faculdade eu tinha um pensamento fixo: a magistratura! Sempre muito estudiosa, logo nos primeiros anos fui estagiar na Justiça Federal de Guarulhos/SP, afinal precisava entender na prática como era a profissão de um juiz.

Após um ano fui convidada a estagiar no tão disputado gabinete da juíza, e ali sim eu tive contato com a linda profissão com que eu tanto sonhava. Tive o prazer de trabalhar com diversos juízes, mas em especial certa juíza, a quem sou eternamente grata, pois foi nela em que me espelhei, desde a forma prática e sem rodeios de escrever, à elegância no tratamento dos servidores e do público em geral. Ela era bem nova (somente dez anos mais velha que eu) e já altamente bem-sucedida.

Foram três anos nesse estágio e, infelizmente, precisei me desligar ao término da faculdade.

Posso afirmar com toda certeza que essa juíza foi minha mentora, pois, além de toda influência, ela enxergou em mim um potencial e foi muito generosa comigo, dividindo todo o seu conhecimento, sabedoria, experiências e vivências, fazendo toda diferença na minha vida.

Ali eu tive a certeza que estava no caminho certo. Único obstáculo: passar no concurso.

Meus pais me ajudaram muito no início. Pagaram-me um ano de estudos no curso mais completo para "concurseiros" e ali a minha ficha caiu: um prédio enorme no coração de São Paulo, com milhares de jovens que tinham o mesmo sonho que eu! E o que eu tinha de especial? Sendo bem realista, absolutamente nada! Era mais uma sonhadora. Eu sabia que tinha capacidade, era estudiosa, disciplinada, mas muitos ali também eram.

Durante tal ano, nenhum concurso na área jurídica foi aberto, mas nesse mesmo ano passei na OAB. Porém, a cada dia eu estava mais desanimada por estar naquele "mar de gente" com os mesmos objetivos que eu, concorrendo desde o momento dos estudos. A concorrência começava em sala de aula. Era uma pressão psicológica enorme. Eu precisava sair de lá, estava sufocada. Não estava rendendo.

Até que o ano acabou, eu não tinha mais o suporte financeiro dos meus pais, eu precisaria me virar. Então fui trabalhar em escritório jurídico. Trabalhei alguns meses pertinho de casa em um pequeno escritório até que fui convidada para trabalhar em um escritório maior e em meio ao caos nos arredores da Avenida Paulista. Não pensei duas vezes, agarrei a oportunidade, pretendendo conciliar os estudos com o trabalho novo.

Parte 2 – Mudança de Rumo

Nesse escritório foi que eu tive o primeiro contato com o Direito Empresarial e pouco a pouco fui me distanciando daquele sonho inicial de me tornar juíza. Fui percebendo que eu precisava estudar profundamente o mundo corporativo para melhor atendimento aos clientes e assim minha carreira foi sendo direcionada para esse tema.

Passaram-se três anos. Até que um dia minha vida tomou

um rumo bem diferente: aceitei o desafio de trabalhar em uma empresa da família da qual eu fazia parte.

Sozinha e depois de muita batalha, consegui implantar um Departamento Jurídico na empresa, simplificando todas as informações jurídicas espalhadas pela companhia em um único lugar. Como 90% das empresas familiares, ela também cresceu de forma desestruturada e desorganizada, o que colaborou com a sua queda. E eu intimamente envolvida, não somente por prestar meus serviços jurídicos, mas também pelo fato de ela ser patrimônio da família que eu integrava.

Parte 3 – Ressignificando minha jornada profissional

Estava em meio a uma briga interna e todos os dias me questionava: será que deixei de gostar do Direito ou os desafios que passei em minha jornada foram os responsáveis pela minha desilusão profissional?

Segui fortemente na segunda opção, porque não desisti. Ressignifiquei aquela desilusão: passei por todos aqueles desafios e sobrevivi, logo, com toda certeza eu aprendi algo com isso. E por que não aplicar esses conhecimentos em outras companhias?

Após 13 anos trabalhando internamente nessa empresa, participando de uma recuperação judicial, em meio à pandemia e desilusão na profissão, me reergui e parti para um novo rumo outra vez: o desafio de ter o meu próprio escritório jurídico. Juntamente com a minha querida sócia, que conheci ao longo da carreira corporativa, e que estava passando por um período também bastante conturbado na sua vida pessoal, unimos nossas forças e partimos para o empreendedorismo. Sim, ter um escritório jurídico também é empreender.

E, claro, o Direito Empresarial tomou conta do nosso portfólio!

Parte 4 – A responsabilidade dos sócios no âmbito trabalhista

E foi no Direito do Trabalho que esses desafios se destacaram na minha vida profissional, seja porque a Justiça do Trabalho, visando a proteção do trabalhador, que seria a parte mais desfavorável da relação jurídica, acaba, por consequência, sendo mais eficiente na busca da satisfação do crédito; seja por ocorrências de falhas da empresa.

Um ponto muito em comum que noto nas empresas tem como cerne a discussão sobre de quem seria a responsabilização perante dívidas trabalhistas contraídas pela companhia.

Isso porque nem sempre a empresa é constituída por sócios de forma equitativa ou nem mesmo o sócio de direito (que faz parte do contrato social) é o sócio de fato, vulgarmente chamado de "laranja".

E dentro desse nicho venho notando um crescimento de execuções, principalmente trabalhistas, responsabilizando seus sócios (inclusive eventuais empresas terceiras à lide das quais fazem parte) sem razão de ser, por diversas razões: por terem se retirado da sociedade, seja porque a empresa não existe mais, seja porque venderam suas participações; pelo fato de a dívida cobrada não se referir ao momento em que era sócio (por ter entrado na empresa depois ou por já ter saído dela); por serem sócios de direito, já que estão no contrato social da empresa, mas, na realidade, não praticavam atos de gestão e administração do negócio.

O fato é que o instituto da desconsideração da personalidade jurídica, inclusive a desconsideração inversa da personalidade jurídica, vem sendo cada vez mais comum.

É muito comum que sócios que já saíram da sociedade há muitos anos respondam pela dívida da empresa, sem qualquer delimitação, seja de caráter temporal, seja de caráter patrimonial.

Sem adentrar o tema da prescrição ou decadência, será que os sócios devem responder eternamente e irrestritamente pelas dívidas contraídas por suas empresas?

Não me parece razoável, porque a responsabilidade deles deve ser delimitada, embora muitas vezes isso não é observado pela Justiça do Trabalho.

Além disso, não se mostra justo um sócio que tenha uma participação mínima ser responsabilizado de forma igual àquele sócio majoritário.

Portanto, vejo a necessidade de cada vez mais os advogados trabalhistas empresariais necessitarem de uma vivência no "mundo empresarial", participando ativamente do cotidiano empresarial e assim trazer segurança ao seu cliente empresário.

Dentre esse tema de responsabilidade do sócio no Direito do Trabalho, passarei a elencar alguns exemplos os quais são mais comuns no meu cotidiano profissional e como venho garantindo a segurança ou mitigando certos riscos aos clientes.

a) Do Sócio Retirante – qual seria o limite da sua responsabilidade pelas dívidas trabalhistas da empresa?

Nesse caminho que percorri no Direito Empresarial passei por diversas situações que me levaram, com a especificidade de cada caso, a pensar em elaborar documentos que visam à proteção dos sócios, principalmente àqueles que decidem retirar-se da sociedade, uma vez que não participará mais do dia a dia da empresa, perdendo o controle dos atos praticados pela companhia.

E essa preocupação surge pelo fato da existência da previsão de que o sócio retirante continua respondendo por dívidas e obrigações da empresa pelo prazo de dois anos, de acordo com o Código Civil em seu artigo 1.032. A reforma trabalhista de novembro de 2017 trouxe para a CLT o artigo 10-A, no qual delimita a responsabilidade do sócio retirante para aquelas ações propostas em até dois anos da sua retirada (com o devido registro do contrato/estatuto social), relativo ao período em que figurou como sócio.

E essa responsabilidade, importante dizer, que é, teoricamente, subsidiária, ou seja, primeiro se busca a satisfação da execução com o patrimônio da própria empresa e sendo esta frustrada busca-se o patrimônio dos sócios.

Fiz questão de colocar o termo "teoricamente" por dois motivos:

1) no âmbito trabalhista, a responsabilidade se torna solidária na hipótese de comprovação de fraude quando da saída do sócio, conforme prevê o parágrafo único do artigo 10-A, da CLT; e

2) pelo fato de que por vezes o sócio retirante primeiro tem seus bens bloqueados, seja pelo arresto, seja pela penhora, determinados por ordem judicial, para somente depois poder discutir sua inclusão na execução. Até mesmo tendo a inclusão de outras empresas das quais é ou foi sócio no polo passivo da ação[1].

---

[1] Importante destacar o tema de repercussão geral nº 1.232, onde o STF determinou a suspensão nacional do processamento de todas as execuções trabalhistas que versem sobre a possibilidade de inclusão no polo passivo da lide, na fase de execução trabalhista, de empresa integrante de grupo econômico que não participou do processo de conhecimento, até o julgamento definitivo do Recurso Extraordinário nº 1.387.795.
O que na minha visão fez nascer uma outra problemática: a distribuição de Reclamação Trabalhista, incluindo desde o início da lide o "grupo econômico" de empresas, ou seja, desde a sua distribuição, o reclamante inclui no polo passivo todas as empresas que, ao entender dele, fazem parte de um conglomerado – o sócio retirante tem sua nova empresa, que muitas vezes não tem qualquer relação com a anterior da qual fazia parte, responder por um processo trabalhista, sem dizer aqui o desgaste de ter um apontamento de processo em suas certidões, ter despesas com advogados para apresentação de defesa, negativa na obtenção de crédito junto aos bancos, etc.

Assim, a reforma trabalhista consolidou aquilo que já estava sendo praticado, delimitando a responsabilização do sócio retirante para o período em que figurou como sócio, ou seja, trouxe o fator temporal, já que o sócio se responsabiliza pelo período em que se beneficiou do trabalho daquele funcionário, o que trouxe um certo alívio ao sócio retirante, trazendo segurança jurídica e permitindo que o sócio tenha certeza de que não será mais cobrado em relação a fatos posteriores à sua saída.

Ou seja, o que se leva em conta na Justiça do Trabalho é a composição da sociedade ao tempo em que se originou o crédito (prestação do serviço) e não o tempo em que a Justiça reconheceu tal crédito como devido.

Nessa toada, se faz importantíssima a atuação de uma assessoria jurídica que, em conjunto com os demais departamentos da empresa, possa fiscalizar os contratos de trabalho dos empregados, dando ciência ao empresário sobre a existência de irregularidades nesses contratos, por exemplo, horas extras, acidentes de trabalho, pagamento de FGTS corretamente, pagamento dos adicionais de periculosidade e insalubridade, uso de EPIs.

Tudo isso com o intuito de se evitar a distribuição de Reclamações Trabalhistas, mesmo que sejam após a saída do sócio, já que em até dois anos, contados de sua dispensa, o empregado poderá distribuir a ação trabalhista, pleiteando os últimos cinco anos.

Além, é claro, que caso não se possa evitar a distribuição dessas ações, aquele sócio retirante tenha consciência do tamanho do seu risco. Ele sairá da sociedade com a ciência do seu risco e por um período delimitado.

Então, diante disso, pode negociar livremente o valor das suas quotas, embutindo nelas esse risco, por exemplo, de modo que possa realizar o pagamento de eventuais execuções futuras.

Dessa forma, muito justa a limitação da responsabilidade do sócio retirante pelas dívidas trabalhistas apuradas em ações ajuizadas em até dois anos da sua retirada da sociedade (da averbação do seu contrato/estatuto social), referentes aos direitos do trabalhador, no período em que o sócio integrou o quadro social da empresa.

b) Responsabilidade do sócio e sua participação societária

Outra questão de bastante relevância e que vejo com frequência no meu cotidiano profissional é a responsabilidade dos sócios *versus* sua participação no capital social da empresa.

É unânime nos contratos sociais a existência de cláusula prevendo o seguinte: "a responsabilidade de cada sócio é limitada ao valor de suas quotas sociais, mas todos respondem solidariamente pela integralização do capital social".

Isso porque o Código Civil prevê em seu artigo 1.052 que a responsabilidade é solidária entre os sócios. Então quer dizer que aquele sócio que detém 1% responde de forma igual ao sócio que detém 99% das quotas sociais? E a resposta é: depende.

Indícios de fraude, abuso da personalidade jurídica, desvio de finalidade ou confusão patrimonial bastam para ocorrer o instituto da desconsideração da personalidade jurídica, na Justiça do Trabalho. De modo a fazer com que o patrimônio do sócio responda pelas dívidas da empresa.

O entendimento que prevalece na Justiça do Trabalho é a da aplicação da chamada "teoria menor da desconsideração da personalidade jurídica", de modo que não há necessidade de se comprovar a efetiva confusão patrimonial e a culpa ou dolo do sócio. O que torna o trabalho do advogado da empresa bem desafiador para demonstrar a efetiva atuação daquele sócio na sociedade.

Aquele sócio minoritário, que não exerce gestão, administração, controle financeiro, jamais deveria ter o mesmo tratamento do majoritário, que é aquele que realmente administrava a empresa, geria seus funcionários, ou seja, tinha o controle da empresa em suas mãos.

Com o tempo, fui percebendo a importância de uma Assessoria Jurídica que se conecte com todos os departamentos da empresa, se envolva, conheça e participe do dia a dia empresarial, justamente para que em um caso como esse possamos conduzir a elaboração dos documentos sociais das empresas de acordo com os papéis que os sócios exercem na companhia.

Costumo dizer que o momento ideal de proteção do sócio, principalmente do minoritário, é justamente antes de ele entrar no contrato social da empresa. Ainda em momento de negociação da abertura da empresa junto com os demais sócios, ou mesmo no momento de negociação da compra de quotas sociais, é que aquele sócio poderá "discutir as regras do jogo".

Com isso temos subsídios para tentar delimitar a responsabilidade daquele sócio que não exerce qualquer papel de gestão, como é o exemplo de grande parte dos sócios minoritários. E que, por muitas vezes, estão no contrato social para "cumprir tabela".

Nesse passo, indispensável que a Assessoria Jurídica entenda de fato a participação de cada sócio, e elabore documentos assertivos, como contratos sociais prevendo hipóteses e procedimentos para o exercício de retirada do sócio, prevendo hipóteses de alienação e aquisição de quotas sociais e celebração de acordo de sócios, que é um instrumento contratual particular e que visa elucidar como determinadas decisões deverão ser tomadas e assim prevenir disputas empresarias.

Um bom exemplo disso é a previsão no contrato social de quem é (são) o(s) sócio(s) que exerce(m) a gestão da empresa: aqui conseguimos excluir ou, no mínimo, levar à discussão judicial, a questão da responsabilidade do sócio que não exerce a gestão ou administração.

Em suma, a atuação do sócio na realidade é o que poderá diferi-lo dos demais sócios em eventual discussão de responsabilidade trabalhista.

Assim, resumidamente temos três questões importantes relativas a esse tema:

i) qual sua porcentagem de participação na sociedade;

ii) verificar se os demais sócios possuem patrimônio suficiente para responsabilizar-se perante terceiros, pois, do contrário, o sócio minoritário poderá ser responsável solidariamente; e

iii) qual a função desse sócio minoritário na sociedade (se ele não exercer, comprovadamente, atividades de gestão, sua responsabilidade pode ser mitigada).

c) Sócio fictício e o princípio da primazia da realidade

Outra questão trivial é que nem sempre a empresa é constituída por sócios que realmente são empresários, donos de seus negócios. São sócios de direito, ou seja, fazem parte do contrato social, mas não são sócios de fato, são os vulgarmente chamados de "laranjas".

Muitas vezes o empresário necessita desse subterfúgio para poder dar continuidade a seus negócios, seja porque tem seu nome envolvido em dívidas e quer preservar sua empresa, seja porque já falhou antes como empresário e não pode vincular seu nome em uma nova empresa.

Por vezes são pessoas totalmente estranhas à empresa, sem exercer qualquer cargo, a não ser "emprestar" o seu nome ao empresário propriamente dito. Ou são pessoas que realmente exercem algum cargo dentro da empresa, atuando, em verdade, como um funcionário, porém com a responsabilidade de um empresário.

E é nesse último caso que darei ênfase.

Apesar de não ser fácil desconstruir essa realidade em um processo trabalhista, e nós advogados temos uma atuação importantíssima e baseados nos princípios norteadores do Direito do Trabalho e o mais importante deles nessa discussão é o "princípio da primazia da realidade", que nada mais é do que mostrar os fatos na realidade e não o que está apostado no documento (contrato/estatuto social).

Então nosso papel é demonstrar que aquele sócio na verdade era um funcionário, pois exercia a subordinação, cumpria horários, não tinha poder de decisão, recebia um salário (mascarado de pró-labore), ou seja, era sócio fictício.

Parte 5 – Encerramento

Esse tema de responsabilidade de sócios, em suas variações, teve extrema importância na minha jornada, principalmente por ter participado ativamente na sociedade empresária familiar.

"Aprendemos no amor e na dor." Com o perdão do "clichê" da frase, eu aprendi na dor. Na minha dor (pelo envolvimento pessoal que tive atuando na empresa familiar) e na dor de ver empresários tendo seu patrimônio pessoal respondendo por dívidas de suas empresas. Dívidas originadas muitas vezes por fatores externos, como crises financeiras, econômicas e a ocorrência da pandemia, fator extremamente novo.

Passando por essas experiências dolorosas já tive alguns momentos em que pensei seriamente em desistir da profissão, mas nunca consegui, porque sempre me vinha a lembrança daquela juíza que no início da minha jornada acreditou piamente no meu potencial. Olho pra mim hoje e consigo enxergar muita evolução e que essa busca será contínua. Além, é claro, do suporte da minha família, amigos e pessoas muito queridas.

Quando a dificuldade surgir e der vontade de desistir, tenha paciência e persistência! Continue a nadar[2].

Movimente-se, mude, recrie, ressignifique.

---
[2] Pequeno trecho da poesia "Continue a nadar", PIXAR, "Procurando Nemo".

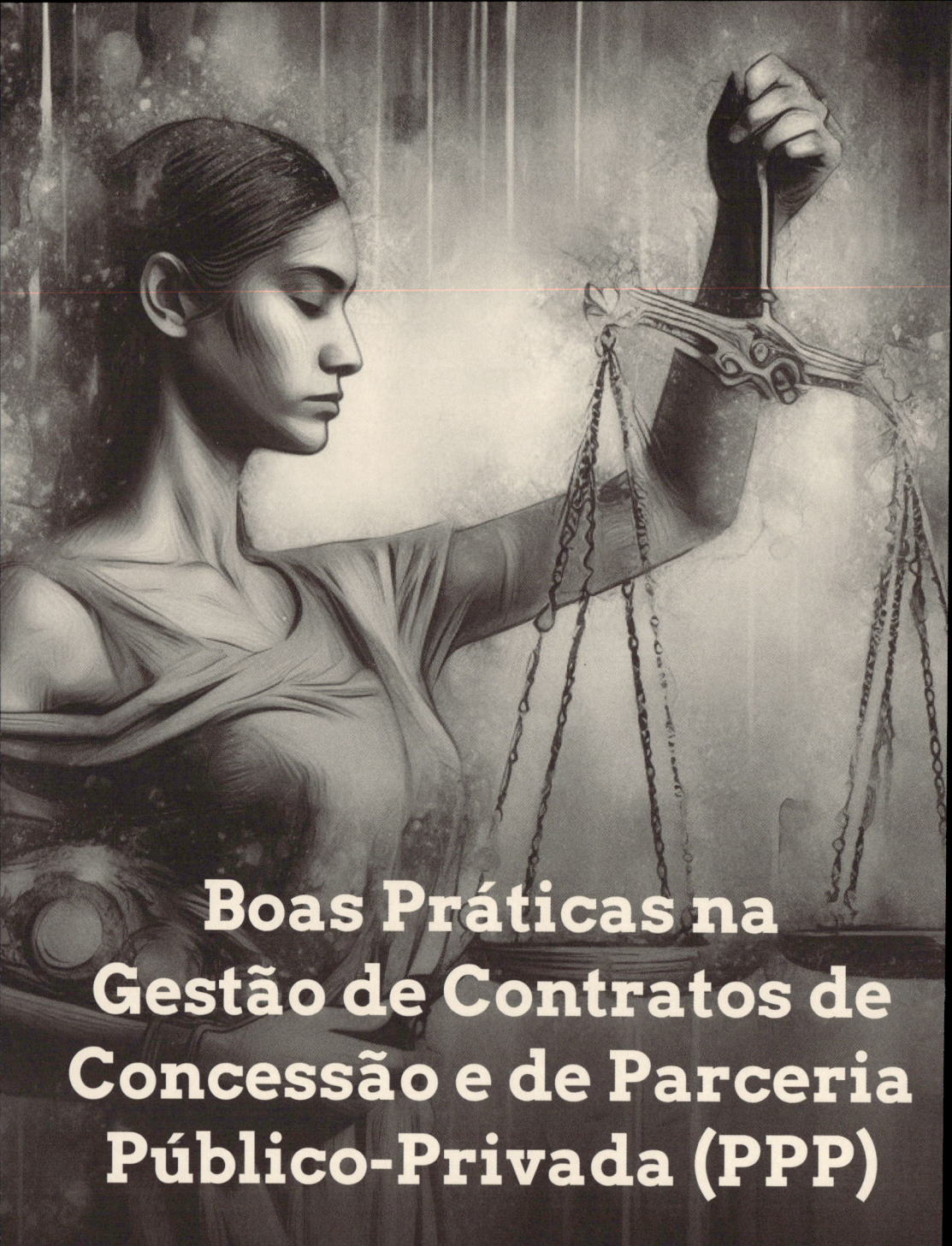

Boas Práticas na Gestão de Contratos de Concessão e de Parceria Público-Privada (PPP)

Thais Gutparakis de Miranda

LINKEDIN

Advogada atuante no setor de infraestrutura, *head* jurídica e regulatória de uma empresa privada de saneamento no Estado do Rio de Janeiro, doutoranda em Direito e Ciências Sociais pela Universidad Nacional de Córdoba – UNC, com 18 anos de experiência em gestão jurídica corporativa.

Parte 1 – Minicurrículo de uma advogada em construção

Em 2005, me formei em Direito e, logo após, recebi a minha primeira proposta de emprego. Sem pensar duas vezes, abracei a oportunidade e passei a integrar o departamento jurídico de uma grande empresa de soluções logísticas na região Norte.

Foram quase três anos de intenso aprendizado, que contribuíram muito para a minha "iniciação" no mundo corporativo e formação de um perfil mais generalista, com o desenvolvimento de competências diversificadas e um olhar mais amplo sobre as questões empresariais e de mercado.

Em minha segunda experiência corporativa, em 2010, após algum tempo trabalhando na banca de um renomado escritório de advocacia, tive a oportunidade de liderar, por cinco anos, o jurídico de uma multinacional do setor de agronegócio. Foi nessa cadeira que eu aprendi a estruturar um departamento jurídico, a implementar processos, diretrizes e indicadores, a fazer uma adequada gestão da carteira de processos, coordenar escritórios externos e a formar e gerir equipes.

Já com alguma "bagagem", em 2017 consegui o emprego dos sonhos: mudei de cidade para trabalhar para uma empresa multinacional que é líder global em agronegócio e alimentos. Essa posição me elevou a um outro patamar, pois ali aprendi o conceito de excelência operacional e consolidei o desenvolvimento de competências, além das técnico-jurídicas: competências de gestão, em especial nas operações jurídicas e na gestão de projetos; competências emocionais, em virtude da necessidade de constante adaptação às mudanças e competências digitais, com a utilização de tecnologias, sistemas e processos inovadores.

Após uma trajetória de quase uma década no agronegócio, chegou então o momento de trabalhar no setor de infraestrutura e desenvolver novos conhecimentos e habilidades, em vista da complexidade e dos desafios que envolvem a prestação de serviços públicos e os setores regulados.

Essa oportunidade me apresentou o Direito Regulatório e as boas práticas que devem ser observadas na gestão de um contrato de direito público (mais especificamente, um contrato de concessão ou de PPP).

Busco, neste capítulo, compartilhar um pouco do que aprendi atuando como advogada do setor de infraestrutura, minha visão sobre o Direito Regulatório e os principais pilares a serem observados para ser um *top performance* na área.

Parte 2 – Entendendo o Direito Regulatório

Quando comecei a trabalhar no setor de infraestrutura, um alto executivo da empresa que me contratou me disse, em uma de nossas primeiras conversas: "o Direito Regulatório é a pérola do negócio. Entenda como agregar valor ao contrato e você se tornará imbatível".

Até então, eu não havia compreendido muito bem o alcance do tal Direito Regulatório. Sabia que estava relacionado à observância das normas aplicáveis aos serviços delegados pelo

Poder Público à iniciativa privada, mas não demorei a entender que, na realidade, vai além disso.

Um bom advogado de Direito Regulatório é aquele que, antes de tudo, sabe fazer uma administração contratual eficiente. Portanto, para entender as nuances do Direito Regulatório, é preciso compreender, primeiro, do que se trata a administração contratual.

Mas, antes disso, para quem não atua no setor de infraestrutura, é preciso esclarecer que, em geral, o Poder Público delega à iniciativa privada os serviços de interesse público (saneamento, transporte, energia, dentre outros), por meio de um contrato de concessão ou de PPP, de longo prazo. Assim, quando me refiro à administração contratual, trata-se da gestão desse contrato firmado entre o concessionário e o Poder Público.

Pois bem, partindo-se da premissa de que o Poder Público delegou à iniciativa privada um determinado serviço, por meio de um contrato de concessão/ PPP, a primeira tarefa do advogado (sob a perspectiva do concessionário) é entender o contrato como um todo, suas cláusulas e todos os seus anexos, bem como identificar quais são os seus principais riscos e oportunidades.

Além disso, é fundamental estruturar procedimentos para viabilizar o adequado cumprimento do contrato e, ainda, assegurar que os direitos do concessionário sejam observados pelo Poder Público, em especial, as cláusulas que tratam do equilíbrio econômico-financeiro, fundamental para a manutenção da viabilidade do negócio durante todo o seu curso.

Os princípios básicos de uma boa administração contratual podem ser assim resumidos:

- Cumprimento adequado das obrigações;
- Prevenção;
- Comunicação eficaz;
- Construção de direitos.

A partir desses princípios, é que se desdobram as boas práticas, que serão detalhadas mais à frente.

Entretanto, a atuação do advogado de Direito Regulatório não para por aí. De forma bastante simplificada, além de acompanhar a execução do contrato e assegurar a documentação de eventos que afetem o negócio, esse profissional também será responsável por analisar os impactos regulatórios decorrentes da edição de atos normativos, atuar em processos de revisão contratual, visando à recomposição do equilíbrio econômico-financeiro ou atualização de cláusulas e condições, elaborar defesas em caso de penalidades impostas pelo Poder Público e atuar fortemente para afastar exigências ilegais. Isso sem esquecer do viés institucional, em virtude do relacionamento com o Poder Concedente, Agência Reguladora, órgãos de fiscalização e controle, Ministério Público e Judiciário.

Outro ponto importante e que não pode ser esquecido: o advogado de Direito Regulatório não deve atuar somente na prevenção de problemas, mas também na identificação de oportunidades que ajudem a alavancar o negócio. Um bom exemplo é o da possibilidade de o concessionário auferir receitas extraordinárias. São exemplos de receitas extraordinárias, nas concessões de saneamento, as que decorrem da aferição de hidrômetro (verificação metrológica), supressão de ligação, religação após o corte, dentre outros. Assim, cabe ao advogado responsável analisar todas as disposições legais e contratuais aplicáveis e os procedimentos necessários para legitimar a cobrança e a arrecadação dessas receitas.

De se notar que, em determinados casos, as receitas extraordinárias têm o condão de alcançar cifras significativas, passando a constituir percentual relevante do resultado do concessionário.

Parte 3 – Finalmente, as boas práticas

Com base no que já foi exposto, podemos então detalhar as práticas mais importantes para a defesa dos interesses do concessionário, durante a execução de um contrato de concessão ou de PPP.

1. Conhecer o contrato: é necessário conhecer em detalhes todas as obrigações e direitos das partes

Um contrato de concessão/PPP, via de regra, possui conteúdo robusto e complexo, que demanda um estudo aprofundado, a fim de que o profissional responsável pela administração contratual conheça e saiba interpretar, com clareza, todas as suas cláusulas e condições.

Por força de lei, são cláusulas essenciais de um contrato de concessão as relativas:

I – ao objeto, à área e ao prazo da concessão;

II – condições de prestação do serviço;

III – indicadores e parâmetros definidores da qualidade do serviço;

IV – preço do serviço e critérios de reajuste e revisão das tarifas;

V – direitos, garantias e obrigações das partes;

VI – direitos e deveres dos usuários;

VII – fiscalização da execução do serviço;

VIII – penalidades a que se sujeita a concessionária e sua forma de aplicação;

IX – casos de extinção da concessão;

X – bens reversíveis;

XI – critérios para o pagamento das indenizações devidas à concessionária;

XII – condições para prorrogação do contrato;

XIII – prestação de contas da concessionária;

XIV – publicação de demonstrações financeiras periódicas; e

XV – ao foro e ao modo amigável de solução das divergências contratuais[1].

Já os contratos de PPP, além das cláusulas acima, devem prever sobre[2]:

I – o prazo de vigência do contrato, não inferior a 5, nem superior a 35 anos;

II – penalidades aplicáveis às partes em caso de inadimplemento contratual;

III – repartição de riscos entre as partes;

IV – remuneração e atualização dos valores contratuais;

V – mecanismos para a preservação da atualidade da prestação dos serviços;

VI – inadimplência pecuniária do parceiro público;

VII – critérios de avaliação do desempenho do parceiro privado;

VIII – prestação, pelo parceiro privado, de garantias de execução;

IX – compartilhamento de ganhos econômicos do parceiro privado com a Administração Pública;

X – bens reversíveis; e

XI – cronograma para o repasse ao parceiro privado das parcelas do aporte de recursos.

---

[1] Cf. art. 23 da Lei nº 8.987/95 (Lei das Concessões).
[2] Cf. art. 5º da Lei n.º 11.079/04 (Lei das PPPs).

Além disso, há diversos anexos, como o edital de licitação, a proposta comercial, a estrutura tarifária, a relação de bens vinculados, o plano de metas, dentre outros, que integram o contrato de concessão/PPP e devem ser também estudados, a fim de garantir o adequado cumprimento de todas as condições ali previstas, evitando-se o risco de não-conformidade.

Conhecendo profundamente a dinâmica do contrato, o advogado de Direito Regulatório será capaz de assegurar o seu adequado desenvolvimento, antecipando problemas e identificando oportunidades.

2. Acompanhar a execução do contrato: implementar ferramentas e sistemas de monitoramento, que permitam assegurar o cumprimento do contrato.

Todo contrato de concessão/PPP possui cláusulas que preveem as obrigações a cargo de cada parte e os procedimentos necessários para demonstrar o seu cumprimento.

A título de exemplo, podem-se citar como obrigações do concessionário: a contratação de seguros, o pagamento de outorga, a entrega de relatórios periódicos para o Poder Concedente, o atendimento de metas de desempenho, dentre outros.

Assim, o profissional responsável pela administração contratual precisa estar atento a essas obrigações e assegurar, com o apoio dos demais setores envolvidos, não somente o seu cumprimento, como também a sua adequada comprovação.

Geralmente, o cumprimento das obrigações contratuais necessita de documentação de suporte que possa caracterizar formalmente tudo que for executado no âmbito do contrato. A utilização de um *software* para monitoramento do cumprimento de obrigações pode contribuir com o controle dos prazos aplicáveis, bem como com a organização e armazenamento de toda a informação correspondente.

Além disso, é necessário agir preventivamente para evitar

a alegação de eventual descumprimento e resguardar os direitos do concessionário. Seria o mundo perfeito se as condições originalmente pactuadas fossem preservadas, porém, em se tratando de avenças de longo prazo, é natural que eventos extraordinários retardem, prejudiquem ou impeçam a execução do contrato e tais situações precisam ser devidamente registradas, justificadas e repactuadas com o Poder Público, a fim de evitar a imposição de penalidades.

3. Construir o direito: identificar os eventos relevantes e providenciar registros qualificados.

Nos contratos de concessão/PPP, os interesses do Poder Público e do concessionário são conciliados, transformando-se em direitos e obrigações que dão forma a uma equação conhecida por equilíbrio econômico-financeiro.

Ocorre que a execução da relação jurídica retratada no contrato não é estática e tende a oscilar. As incertezas são naturais a contratos administrativos de longo prazo, não só em razão das transformações que ocorrem no decorrer do tempo, mas também devido às alterações unilaterais facultadas ao Poder Público.

É justamente nesse cenário, diante da imprevisibilidade e da inconstância, que o equilíbrio econômico-financeiro ganha relevância. Ele se revela no extraordinário, no imprevisível, naquilo que naturalmente o corrompe e que, por isso mesmo, exige imediata recomposição (sob pena de inviabilizar a continuidade do projeto).

Desse modo, diante de qualquer evento extraordinário que tenha o condão de impactar o equilíbrio contratual, é fundamental que o concessionário documente os fatos de forma estruturada e apresente todas as evidências disponíveis.

Em tais casos, o advogado de Direito Regulatório deve se ater à adequada caracterização do evento de desequilíbrio, à análise de alocação do risco, e sua fundamentação jurídica, assegurando a adoção de todos os procedimentos previstos no contrato, para a legitimação do direito do concessionário.

Nesse ponto, é importante assinalar que um pleito sólido de reequilíbrio contratual é construído no dia a dia, por meio de registros sistemáticos dos fatos. O aconselhável é que o Poder Concedente ou o ente regulador, conforme o caso, não seja surpreendido com o pedido do concessionário, mas que já tenha ciência do evento causador, por ocasião da formulação do requerimento.

O registro prévio e ordenado dos fatos que impactam o contrato assegura um adequado alinhamento entre as partes, quanto à caracterização do evento de desequilíbrio e a alocação dos riscos, evitando surpresas e mitigando as chances de indeferimento do pleito.

4. Assegurar a comunicação adequada:

A comunicação entre as áreas da empresa, assim como entre as partes envolvidas e demais *stakeholders*, deve ocorrer de forma clara e transparente, respeitando um fluxo pré-definido.

A prática da administração contratual envolve comunicação constante entre as partes (Poder Público e concessionário), mas não se limita a elas. Em contratos de concessão/PPP, outras interlocuções podem se mostrar necessárias, em especial com o ente regulador, mas também com outros órgãos de fiscalização e controle, Administração Pública Direta e Indireta e até mesmo entes específicos e relacionados ao objeto contratual.

Nesse cenário, a transparência das interações torna-se requisito fundamental, devendo estas ser também documentadas e compor os arquivos de administração contratual.

Há que se ter em conta, ainda, que durante a execução de um contrato de direito público há constantes pedidos de informações, de priorização de investimentos, de realização de obras/reparos/manutenções emergenciais, dentre outros, que devem ser respondidos e atendidos em tempo hábil, a fim de garantir não somente a conformidade regulatória, como também a credibilidade da empresa e a construção de uma relação de confiança entre as partes.

Nesse ponto, é fortemente recomendável a utilização de um bom *software* de gestão de documentos, que assegure o monitoramento das demandas e prazos de atendimento e o armazenamento e organização de todas as informações correspondentes.

5. Alinhamento da estratégia entre os atores envolvidos:

Por fim, a boa prática da administração contratual exige que todos os atores envolvidos tenham conhecimento da estratégia a ser adotada na execução do contrato, para que possam aplicá-la no dia a dia, resguardando a empresa de eventuais problemas.

Na construção da estratégia, é importante identificar os fatores críticos para o sucesso e priorizar os projetos que mais contribuirão para se atingir as metas previstas.

De modo geral, o problema fundamental na execução de um contrato público não é o desenvolvimento da estratégia em si e sim a sua implementação através da tradução dessa estratégia em termos que facilitem o seu entendimento por todos os envolvidos, os quais poderão direcionar suas ações individuais para o alcance dos objetivos definidos.

Desse modo, é importante elaborar planos de ação e estabelecer uma comunicação constante e ordenada entre as equipes, para evitar *gaps* e permitir que todos mantenham o foco e caminhem na mesma direção.

A implementação de um sistema de medição de desempenho que quantifique os objetivos e metas (inclusive financeiros) e que seja capaz de refletir a estratégia da empresa pode contribuir para mensurar a performance e antever eventuais desvios, possibilitando a adoção de medidas imediatas de correção.

A mutável vida do profissional de Direito Regulatório no setor de telecomunicações

Vânia Íris

LINKEDIN

Advogada especialista em Direito Regulatório, com mais de duas décadas de experiência no setor de Telecomunicações.

Trabalhou com licitações públicas por sete anos na área comercial da Xerox do Brasil; por cinco anos com gestão de contratos em multinacionais como Intelig e British Telecom; e, por 20 anos, no Grupo Oi, onde se aprofundou na área de Assuntos Regulatórios. Atualmente é especialista em Regulamentação, Concorrencial e Antitruste na empresa TIM.

Advogada pela Universidade Cândido Mendes Centro; mestranda em Economia da Regulação pela Fundação Getulio Vargas (FGV); MBA em Marketing pelo Instituto Brasileiro de Mercados e Capitais; e pós-graduação em Direito Público pela Universidade Gama Filho.

Curiosa por excelência, adora viajar, desbravar lugares e culturas diferentes. Em seu tempo livre, se dedica ao voluntariado, à prática de esportes e a novas experiências culinárias para confraternizar com a família e amigos (seus maiores bens).

Capítulo 1 – Na fronteira entre o Estado e o Privado

Em 11 de julho de 1995, a Espírito Santo Centrais Elétricas S.A. foi a primeira empresa estatal a ser privatizada no Brasil. Desde então, setores inteiros essenciais à economia brasileira seguiram o mesmo destino. Aeroportos, portos, rodovias, energia elétrica, saneamento básico, telecomunicações e planos de saúde passaram a ser gerenciados pelo mercado privado.

Ao mesmo tempo, foram criadas as agências reguladoras cujo objetivo é fiscalizar a prestação desses serviços e bens concedidos pelo Estado à iniciativa privada. Cabe a elas controlar a qualidade da prestação desses serviços, estabelecer regras e fiscalizar a execução das empresas, promovendo competição livre, ampla e justa no mercado.

A conversa entre uma determinada agência, as empresas reguladas por ela e os usuários finais dos serviços é feita, principalmente, por profissionais do Regulatório. Um papel quase que diplomático numa fronteira entre o Estado e o Privado. É nessa área essencial à população brasileira que eu construí 20 anos de carreira.

Quando eu me formei, em 2000, minha primeira experiência no Direito Empresarial foi trabalhando com Direito Administrativo, especialmente na área de licitações - meu dia a dia era me relacionar, basicamente, com outros profissionais do Direito. Quando você começa sua jornada no mercado de trabalho, existem oportunidades para se construir uma carreira extremamente especializada dentro de um ambiente no qual você só fala "juridiquês" com pessoas de formação similar à sua. Mas, o que eu queria era ser poliglota. Eu queria falar a língua dos clientes.

Existe uma prática comum em empresas de maior porte chamada *job rotation* (rotação de trabalho, em inglês). É quando gestores são convidados a mudar de cargo em diferentes áreas da empresa. O objetivo é preparar executivos de alta performance com visões além do limite dos seus respectivos setores. Eu resolvi aplicar essa estratégia na minha vida profissional por conta própria.

Em 2005, eu iniciei o meu MBA em Marketing pela pelo IBMEC e, em seguida, consegui uma oportunidade na empresa Oi como coordenadora de marketing. Foi justamente aí que eu conheci e me apaixonei pelo Direito Regulatório. Eu ainda segui por mais dois anos na área de marketing, mas quando uma nova oportunidade para Analista de Regulamentação foi aberta, eu mergulhei de cabeça. Profissionalmente, parecia que eu tinha dado "dois passos para trás", mas eu sabia que minha recompensa estava no futuro.

Capítulo 2 – Compartilhar, ou não, os custos de infraestrutura, eis a questão

Trabalhar com regulação no setor de telecomunicações é de um desafio sem tamanho. Isso porque boa parte do trabalho de um profissional dessa área é antecipar tendências regulatórias e orientar a empresa em como se adaptar às mudanças que as agências vão exigir para o setor – para garantir o *compliance* regulatório.

O setor de telecomunicações não só passa por constantes transformações, como impacta profundamente os demais setores da economia. O acesso à banda larga em elevada capacidade tornou-se imprescindível para o desenvolvimento do país e, com isso, se alteram as concepções tradicionais dos serviços desse setor, integrando voz, dados e imagens por um meio só.

Em constante inovação, a internet incorpora os serviços de tv (*streaming* de vídeos) que aumentam a qualidade da apresentação audiovisual de conteúdos, diversificando novos serviços e produtos. É o fim da rígida tradição de separar as Telecomunicações e a Radiodifusão.

No Brasil, o relacionamento entre as prestadoras de serviços de telecomunicações e as aplicações e novos serviços prestados via Internet, chamados de *over the top* (OTT), é objeto de verificações quanto a possíveis falhas do mercado que possam ser mitigadas por meio de regulação econômica focada em bem-estar social.

A necessidade de compartilhamento de custos de infraestrutura, o *Fair Share*, para o transporte de dados nas redes de telecomunicações, é vigência internacional. No Brasil as empresas de telecomunicações se dividem em dois grupos: as que acreditam que os custos já estão sendo pagos pelos consumidores através das cobranças dos serviços de telecomunicações e as que desejam que o custo da manutenção da infraestrutura de redes deva ser associado ao uso, logo as empresas de OTT (responsáveis por grande volume de tráfego de dados) deveriam compartilhar os custos de manutenção entre si.

Em 2023, a Anatel instaurou a Tomada de Subsídios n.° 13 para revisar o Regulamento dos Deveres dos Usuários. O objetivo é designar remuneração pelo uso das redes pelas empresas provedoras de serviços de aplicações, utilizando como justificativa dispositivos da Lei Geral de Telecomunicações (LGT), que diz que o consumidor deve "utilizar adequadamente os serviços, equipamentos e redes de telecomunicações".

A Tomada de Subsídios n.° 13 também cita os artigos 60 e 61 da LGT, que diferencia os serviços de telecomunicações do serviço de valor adicionado (SVA), classifica os provedores de SVA como usuários do serviço de telecomunicações e atribui à Anatel a competência para regular o relacionamento desses usuários com as prestadoras de serviço da área.

Além de citar medidas assimétricas para diferenciar os grandes consumidores de rede de telecomunicações e os demais consumidores, o regulamento quer promover ações mais incisivas contra a pirataria, bloqueando sites que disponibilizem conteúdos não autorizados e apreendendo equipamentos não homologados.

Não há, porém, um consenso de que essa divisão é o melhor caminho. Manifestações públicas recentes de representantes da Agência e das Empresas de Telecomunicações questionam que seguir com o *Fair Share* vai de encontro com a ideia da neutralidade de rede. A Anatel realizará mais uma consulta pública antes de finalizar as decisões do que promete ser um 2024 de desafios para os profissionais do regulatório no setor de telecomunicações do Brasil.

Capítulo 3 – Precisamos vencer a desigualdade de acesso à internet no Brasil

O debate é acirrado e 2024 promete ser decisivo no futuro da expansão da infraestrutura de telecomunicações do Brasil. Como profissional da área, eu prevejo um trabalho hercúleo por parte das empresas privadas e a Anatel para vencer as desigualdades gritantes do acesso à internet no Brasil.

Pesquisa publicada pelo Cetic.br em 2022 revela que 32 milhões de brasileiros não estão on-line e que 92 milhões acessam a internet apenas pela rede móvel. Muitos desses contratos são feitos por planos com franquias irrisórias, com *zero rating* para aplicações como o WhatsApp, que não são descontadas na franquia de internet do usuário.

Para possibilitar o acesso à banda larga, a Lei n.° 14.109/2020 reformulou as regras de funcionamento do Fundo de Universalização do Serviço de Telecomunicações (FUST). Agora foram retirados os entraves Jurídicos/Regulatórios que restringiam o escopo do fundo para apenas telefonia fixa – que a cada dia perde sua essencialidade no mundo, enquanto serviços digitais crescem em força.

O FUST agora pode financiar projetos focados em conectar pessoas, organizações e escolas em regiões pouco atrativas economicamente. Em uma quebra de paradigma, o fundo não vai priorizar capitais, para depois seguir para cidades menores e, por fim, zonas rurais (como foi o caso da expansão da energia elétrica e da televisão).

O Conselho Gestor do FUST – formado por membros do governo, BNDES e representantes das operadoras de telecomunicações e da sociedade civil – quer priorizar levar conectividade às famílias que vivem nas zonas rurais. Para isso, três condições foram apresentadas:

- Os recursos para projetos reembolsáveis não terem taxas de juros superiores a 3% ao ano.
- A cada um milhão de reais investidos, 2 mil casas serão conectadas com fibra ótica ou, em caso de rede sem fio, 3 mil pessoas passam a ter acesso à internet.
- Também é destacado nas regras do FUST que é necessário investir em proporcional equilíbrio em áreas urbanas com vulnerabilidade social: periferias e favelas seguem desconectadas da banda larga nas grandes cidades.

Com mais infraestrutura construída, o FUST poderá ser

usado para projetos de incentivo à demanda (algo impensável no presente pela falta de oferta do serviço). O desafio será, então, o teto de gastos para projetos e despesas não reembolsáveis. Positivamente, o cenário inicial do FUST, em 2022, disponibilizou R$ 28 milhões para projetos não reembolsáveis e R$ 658 milhões para projetos reembolsáveis.

A Anatel já adaptou seu Regimento Interno e o Regulamento de Arrecadação de Receitas Tributárias para arrecadar dinheiro para o FUST e seus projetos futuros. A agência também irá atualizar o Plano Estrutural de Redes de Telecomunicações (PERT) para auxiliar o Conselho Gestor do FUST a decidir quais projetos priorizar.

Diante das proporções continentais do Brasil (e o quão acelerado é o ritmo de criação das novas tecnologias de telecomunicações), é de admirar o trabalho do setor de telecomunicações e o quanto se construiu de infraestrutura no país até o momento.

Capítulo 4 – Um breve resumo do retrato internacional

Em 2023, a União Europeia realizou uma consulta pública chamada "The future of the electronic communications sector and its infrastructure" para coletar impressões sobre o impacto das alterações do setor de telecomunicações e a viabilidade econômica dos investimentos necessários para infraestrutura.

A consulta identificou uma figura jurídica chamada "Large Trafic Originators (LTO)", os nossos OTT. Tal qual no Brasil, a União Europeia quer impor responsabilidades proporcionais às diferentes empresas do mercado de telecomunicações. A ideia é criar um fundo continental contribuído pelas LTOs, destinado à expansão da infraestrutura das redes de comunicação.

Nos Estados Unidos, a discussão sobre investimentos em

infraestrutura também estão em vigência. Em 2021, a Federal Communications Comission (FCC) - uma autoridade regulatória para o setor de comunicações como a Anatel no Brasil - iniciou um processo de revisão das responsabilidades das empresas do setor de telecomunicações sobre o custo da expansão de infraestrutura necessária para suprir a demanda do país.

FCC's Comissioner Brendan Carr publicou uma proposta em 2021 em suporte da divisão proporcional dos custos de infraestrutura no país, *Fair Share*, destacando as empresas "Big Tech", que não pagam pelo uso da infraestrutura nacional.

Em contrapartida, 21 organizações da sociedade civil publicaram uma carta aberta durante a 18ª edição do "Internet Governance Fórum", em Kyoto, contra a política de "Fair Share". Elas afirmam recear o impacto da política na livre concorrência, na crescente pluralidade dos meios de comunicação, na proteção ao consumidor, no fomento à inovação e na qualidade do serviço prestado pelas empresas de telecomunicações. A carta segue atentando que tal o "Fair Share" viola o princípio da neutralidade de rede e que é prejudicial para uma internet aberta e global.

Estar atenta ao mercado internacional é parte do meu dia a dia como profissional do regulatório. Todos os dias eu leio artigos, notícias e estudos sobre o meu setor, mudanças na legislação vigente e sobre novas tecnologias que entram no mercado.

Capítulo 5 – Além da banda larga, o que mais o mercado de telecomunicações tem para oferecer?

Telecomunicações é um setor de constante investimento CAPEX. Investe-se em infraestrutura para colher os benefícios no futuro o tempo todo. Em 2022, os investimentos intensivos no setor cresceram 10,3% – decorrência da chegada do 5G no país e a disseminação de banda larga fixa por provedores regionais.

O mercado não vai perder o seu caráter vanguardista e, muito menos, o impacto na economia global. Como nos comunicamos afeta a sociedade. Se a prensa de Gutenberg foi carro chefe para uma Europa mais letrada e informada durante a Renascença, é quase que incalculável o impacto que a banda larga e o conteúdo em vídeo de alta qualidade pode ter nos lugares mais isolados do Brasil.

Como profissional da área, eu vejo um horizonte estimulante com novidades que vão demandar muito dos profissionais do regulatório com conhecimento, dinamismo e agilidade para garantir o *compliance* dentro das empresas prestadoras de serviço:

a) **Redes autônomas** – investir em automação é uma medida estratégica para o setor de comunicação. Muitas atualizações sistemáticas podem ser administradas automaticamente e, assim, se aumenta agilidade e eficiência no serviço.

b) **Migração de *softwares* residentes nas *workstations* para nuvem** – o mercado disponibiliza diversas soluções para transferência de residentes para nuvem. A mudança acarreta maior controle de gestão, acessibilidade e segurança para o cliente.

c) **Segurança** – falando em segurança, o golpe tá aí, caí quem não foi devidamente educado. Ataques cibernéticos são parte do dia a dia e não basta somente ter ferramentas digitais de proteção. É necessário investir em educação sobre práticas de segurança para os usuários. No início de 2023, o Fórum Econômico Mundial ressaltou que 95% dos problemas com segurança cibernética em uma empresa são causados por erro humano. Conscientizar colaboradores é uma ação intimamente interligada à mitigação de riscos.

d) Inteligência Artificial (IA) – seguindo na "crista da onda", a IA tem um potencial gigantesco a ser explorado. É a chave que vai permitir uma empresa ter seu cliente como centro das atenções. Com essa tecnologia é possível obter e filtrar dados, analisar os comportamentos dos clientes e, por conseguinte, monetizar novas receitas.

A lista não acaba por aqui não. Eu podia falar sobre ChatGPT, Inteligência Artificial Generativa, Learning Machine, Network Slicing, Metaverso... Não faltam ferramentas para dinamizar o mercado de telecomunicações e, assim, aumentar o leque de modelos de negócios a ofertar para clientes e usuários.

Com base nas informações publicadas na Tomada de Subsídios nº 13/2023/Anatel, o uso massivo das redes de telecomunicações no ano de 2023 chegou a ultrapassar 26,3 Tbps nos pontos de troca de tráfego (PTT).

O consumo de vídeo é a atividade mais relevante para 80% dos usuários de banda larga fixa. Redes sociais como Facebook, Instagram ou X (Twitter) são constantes na vida de 85% dos usuários de banda larga fixa e 82% dos usuários de banda larga móvel na modalidade pós-paga.

Esse perfil de consumo concentra em poucos *players* um relevante percentual do tráfego de dados. Os aplicativos de Netflix, YouTube, Disney+, TikTok e Amazon Prime têm 37,8% do tráfego *downstream*, segundo o Relatório "Global Internet Phenomena Report" da Sandvine. Vídeos em geral representam 65,93% do tráfego nas redes globais. As denominadas Big 6 (Meta, Alphabet, Microsoft, Amazon, Apple e Netflix) representam praticamente 50% do tráfego gerado/cursado nas redes. Já nas redes móveis, *streaming* de vídeo e redes sociais representam 82,5% do tráfego total de dados.

Eu acredito que o regulatório é uma das áreas mais estimulantes e versáteis do Direito Empresarial. Estimulante talvez não seja uma palavra que as pessoas conectem com o trabalho do profissional de Direito, mas, diante de tanta novidade nascendo diariamente, eu tenho que discordar: o meu trabalho tem o potencial de mudar a vida de cada trabalhador brasileiro. Incrível, não?

A Importância do Advogado Interno nas Empresas

Viviane Salles R. Cabral

LINKEDIN

Advogada atuante na área Consultiva, pós-graduada em Direito Civil e Direito Processual Civil pela Puccamp (Pontifícia Universidade Católica de Campinas), em Direito e Agronegócio pela Faculdade Metropolitana, em Contratos na Contemporaneidade pela ESA (Escola Superior de Advocacia) Campinas/SP, com curso de Extensão em LGPD e Contratos pela ESA (Escola Superior de Advocacia) Campinas/SP, curso de Extensão em Propriedade Intelectual pela Future Law em São Paulo/SP e com MBA em Direito Empresarial pela FGV (Fundação Getulio Vargas), tendo cursado duas extensões com módulos internacionais, um em Ohio/EUA, na Ohio University, e outra em Barcelona/Espanha, na EADA. Trajetória profissional construída em grandes escritórios de advocacia e há 12 anos atuando em Jurídico interno de empresas, inicialmente em 2012 em uma empresa multinacional sueca que atua no segmento de Agronegócio, depois em uma multinacional americana da indústria automotiva e há mais de cinco anos trabalha como advogada sênior no Departamento Jurídico de uma multinacional americana no segmento de papel e embalagens, onde atua na área consultiva e presta suporte as às seguintes Unidades de Negócios: Florestal, Corporativa e Comercial (Vendas) da empresa, bem como é responsável pelos seguintes temas: Propriedade Intelectual e LGPD.

"Maior que a tristeza de não ter vencido é a vergonha de não ter lutado!" Rui Barbosa

Desde quando estava no Ensino Fundamental, por volta da 5ª ou 6ª série eu já sabia qual a profissão que queria seguir, qual era minha escolha de vida, queria cursar a Faculdade de Direito, sabia e me imaginava como advogada, como dizia o Apóstolo Paulo, desejava "combater o bom combate", pois por vários anos seguidos fui Representante de Classe e uma das fundadoras de um Grêmio Estudantil em um colégio de padres em que estudava. Todas essas atividades foram extremamente desafiadoras e ao mesmo tempo uma motivação para seguir minha carreira profissional naquilo com que sempre me identifiquei: buscar soluções e muitas vezes alternativas aos problemas ou desafios que me eram apresentados.

Sempre foi da minha personalidade a perseverança, a dedicação, a resiliência, a determinação, o otimismo, a humildade e a fé; e estes também são elementos importantes para não só transmitirmos segurança nas orientações ou conhecimentos que passamos adiante, como também nos auxilia nos relacionamentos interpessoais, tão importantes não apenas no Direito, mas em todas as carreiras que decidimos seguir em nossa vida profissional.

No momento do início da minha carreira profissional, inclusive no estágio – sim, eu fiz estágio desde o primeiro ano de faculdade –, trabalhei no Direito Empresarial, sempre prestando serviços para empresas, no começo em escritórios de advocacia que prestavam serviços para empresas e onde pude interagir com pessoas destas organizações e constatar que o que realmente queria era estar "do outro lado", atuando não somente para a empresa, mas dentro dela, fazendo parte, entendendo seus processos, como tudo funcionava, as diversas áreas que compõem uma empresa, a importância que cada uma tem para as conquistas e o sucesso nesta e principalmente o quanto a minha atuação, o meu papel ali representando a empresa da melhor e mais eficiente forma possível. Desde 2012 é onde estou, atuando em Jurídico interno de empresas, buscando sempre me atualizar pessoal e profissionalmente para trazer o melhor resultado para a parte que estou representando e posso dizer que me encontrei nesta área, sou realizada e apaixonada pelo que faço.

E como fazer isso? Hoje, com muitos anos de trabalho na advocacia, sem sombra de dúvidas posso dizer que é um constante e permanente aprendizado, o que com certeza é o mais importante! Aprendermos sempre, seja em nossa área de conhecimento técnico, seja em relação às áreas envolvidas e pessoas a nossa volta, seja com livros e experiências "in loco" para entender a fundo não só o problema, mas o que possivelmente pode tê-lo causado e então não só focarmos nossas energias em solucionar problemas, mas trabalharmos juntos para evitar que ocorram novamente!

Além do constante aprendizado, pessoal e profissional, acredito que nos identificarmos com aquilo que fazemos, gostarmos do que escolhemos para nossa carreira profissional torna essa jornada gratificante, com um sentimento de que, por mais que seja cansativo, vale a pena! Vale a pena enxergar cada resultado do trabalho em conjunto de várias áreas envolvidas em um mesmo propósito.

Importante também destacar que durante minha trajetória tive e tenho grandes mentores, pessoas que me inspiram a ser uma profissional cada dia melhor, e além disso, vejo que o melhor aprendizado é nos dedicarmos e fazermos seja um contrato, uma notificação extrajudicial, um parecer, uma reunião ou darmos um treinamento. Aliada ao estudo e paixão pelo que escolhemos fazer, a prática também é essencial e propiciará que a cada novo desafio façamos cada vez melhor.

Nesse sentido, trago aqui alguns exemplos práticos que demonstram realização e êxito em alguns desafios profissionais, aliados à importância do conhecimento técnico e da paixão pela minha profissão.

A primeira empresa em que trabalhei em um Jurídico interno foi do segmento de Agronegócio, mais especificamente relacionada à produção de gado leiteiro, e a qual participava de licitações para comercialização de seus equipamentos (dentre eles Tanques Resfriadores de Leite) em órgãos públicos, para auxiliar na produção de leite, e sabíamos que a empresa não tinha "o melhor preço", que é uma das condições principais para vencer um processo licitatório.

No entanto, além da documentação e do melhor preço, em um processo licitatório, também é fundamental o atendimento às especificações técnicas contidas no respectivo edital e este foi um dos momentos em que comprovei a todos e a mim mesma a diferença que faz trabalhar internamente na empresa e conhecer o que ela faz, o que ela produz e como produz, e assim foi possível propor à área técnica, ao time de Engenharia e de Desenvolvimento de Produtos que apresentássemos um recurso para impugnar as empresas que ficaram em primeiro e segundo lugar (a empresa em que eu trabalhava tinha se classificado em terceiro lugar no certame), porque ao analisar o edital, conversar com a área técnica, entender dos produtos e suas especificidades, tinha certeza que o produto da empresa em que trabalhava atendia rigorosamente as especificações descritas nele e as demais empresas não, o que possibilitava matéria para apresentação de um recurso demonstrando que nem sempre o melhor preço trará o melhor resultado ou o melhor produto, ao contrário, o atendimento às especificações técnicas também é condição imprescindível para se classificar e vencer o certame. E assim foi feito. Apresentamos o recurso ao resultado do certame, com a área técnica descrente de que seria possível desclassificar as empresas concorrentes que tinham melhor preço, e qual não foi a surpresa deles ao recebermos um parecer favorável da Comissão Julgadora, que nos deu oportunidade de demonstrar e comprovar aquilo que estávamos alegando.

Para tanto, foi necessário acompanharmos pessoalmente a entrega dos equipamentos das empresas que se classificaram em primeiro e segundo lugar e constatarmos juntamente com o órgão público e as respectivas concorrentes que estes não apresentavam as características técnicas descritas no edital e por este motivo estavam desclassificadas. Com isso, a empresa na qual trabalhava e que estava originalmente em terceiro lugar passou para o primeiro e venceu o certame, entregando os equipamentos e recebendo pelo valor deles, o que fez a diferença nas metas do time comercial.

Com essa experiência, pude absorver várias lições, dentre elas a importância do conhecimento técnico e a constatação de que ele sozinho não seria suficiente para o sucesso deste caso, mas sim uma visão estratégica e trazendo uma solução para a área solicitante diferente do dia a dia, do que normalmente fariam, também foram fatores fundamentais conhecer do negócio, dos equipamentos produzidos pela empresa e não menos importante a sinergia e boa comunicação entre as diferentes áreas.

Outra experiência relevante que tive foi na empresa seguinte em que trabalhei, que produz peças para o setor automotivo, e neste segmento sabemos que o atraso na entrega dos produtos fabricados pode impactar na linha de produção de grandes montadoras de carros. Ao advogar para a fabricante de peças que compõem um veículo, um dos papéis fundamentais é mitigar e principalmente limitar tais riscos, ciente de que os riscos de eventual responsabilização por danos poderão ocorrer, porém, desde que exista um limite para tal responsabilidade é possível um planejamento ainda maior de todas as áreas envolvidas. Após várias reuniões com uma grande montadora do segmento automotivo, conseguimos incluir um limite de danos para responsabilidade em eventuais prejuízos causados à outra parte e isso só foi possível com reuniões de times de áreas diferentes, discutindo os riscos e as cláusulas contratuais, bem como entendendo o negócio para então irmos para a mesa de negociação junto com o cliente e conseguirmos a inclusão desta previsão no contrato que nunca haviam conseguido incluir anteriormente.

Também é importante destacar a participação em grandes

projetos nas empresas, desde o início destes, na confecção dos contratos que serão utilizados, na análise de escopos contratuais, Memoriais Descritivos, Propostas Técnicas e Comerciais, das discussões de cláusulas contratuais e neste contexto um caso interessante foi de um contrato complexo que abrangia a compra de dois equipamentos bem específicos, envolvendo tanto valores altos quanto detalhes técnicos que abrangiam ambos os equipamentos, porém, um deles foi entregue de acordo com as especificidades e o outro não, e por este motivo não era possível ser concedido o aceite final do contrato para o equipamento que atingiu a performance, o que poderia caracterizar o aceite do contrato como um todo e não era esse o caso. Além disso, como não foi possível atingir a performance no segundo equipamento, não seria possível aplicar os documentos anexos e modelos que deveriam ser adotados naquele contrato para as tratativas, devendo ser elaborado um documento específico para formalizar as tratativas e ajustes das partes; com o acordo realizado, cada parte abriu mão de algo na negociação e com isso evitaram um litígio e uma arbitragem extremamente onerosa para ambas as partes tanto em valores quanto em tempo que seria dispendido e concederam quitação recíproca ao contrato e não ao equipamento que não performou conforme especificações técnicas. Para esta demanda também foi necessária a atuação de várias áreas diferentes da empresa, cada uma com seu conhecimento técnico para fechar o acordo e foi imprescindível conhecer o projeto e seus detalhes para que então eu pudesse elaborar o melhor, mais seguro e eficaz documento para formalizar o acordo firmado neste momento pelas partes.

Nos exemplos acima é possível verificarmos a importância da existência e atuação do Jurídico interno nas empresas e especificamente da área consultiva, o time consultivo em uma empresa previne conflitos, demandas judiciais, custos, atua em muitos casos como mediador das situações entre clientes e o time interno, entre fornecedores e o time interno e entre os próprios times internos. É essencial ainda a habilidade em resolver conflitos de forma eficiente de maneira que pode preservar relacionamentos comerciais importantes, economizar tempo e recursos (financeiros inclusive), além de muitas vezes evitar desgastes desnecessários, e também a imprescindível relação conjunta com os diversos times da empresa, tais como, mas não somente: área de compras, financeiro, controladoria, fiscal, unidades de negócios específicos, T.I., comercial (vendas), que devem atuar junto com o jurídico, seja discutindo cláusulas contratuais, propostas comerciais, solicitando notificações e principalmente ajudando uma a outra a entender do negócio da empresa e neste sentido a sinergia e comunicação entre as áreas e dentro do próprio time jurídico é essencial e me faz lembrar a citação de um famoso escritor americano:

> — *Quem estará nas trincheiras ao seu lado?*
> — *E isso importa?*
> — *Mais do que a própria guerra.*
> Ernest Hemingway

A citação acima, na minha opinião, tem um significado muito grande, pode e deve ser aplicada na área profissional, pois este contexto do soldado na trincheira mostra que, além de o mesmo assumir várias funções no campo de batalha, tendo suas forças utilizadas não só para o combate, mas também para a manutenção das tropas, o apoio da reserva e nos terríveis dias que passavam na trincheira, assim como nós advogadas atuantes no Direito Empresarial, pois antes de tudo devemos entender do negócio no qual estamos atuando e suas especificidades; aqui se incluem legislações específicas da área, visto que em alguns momentos estamos elaborando e redigindo o contrato, em outros auxiliando em uma negociação e em outros entendendo e auxiliando as áreas na adoção da melhor estratégia baseada nas leis, políticas e procedimentos internos e buscando sempre uma sinergia entre as áreas envolvidas, vivenciando juntos os valores da empresa e o melhor resultado para o objetivo em comum: o sucesso da empresa e consequentemente o nosso, ou seja, o entendimento de que estamos do mesmo lado da trincheira!

O poder de uma MENTORIA

uma aula na prática

Andréia Roma

Quem sou eu?

Sou a menina de oito anos que não tinha dinheiro para comprar livros.

Existe um grande processo de ensinamento em nossas vidas.
Alguém que não tinha condições financeiras de comprar livros,
para alguém que publica livros e realiza sonhos.

Sou a mulher que encontrou seu poder e entendeu que podia auxiliar mais pessoas a se descobrirem.

E você, quem é?
Qual o seu poder?

Entendi que com meu superpoder posso transformar meu tempo.

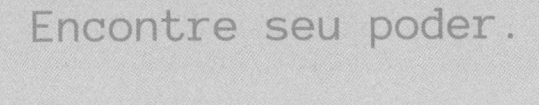

Encontre seu poder.

"Este é um convite para você deixar sua marca. Um livro muda tudo!"

Andréia Roma

Direitos autorais:
respeito e ética em relação a ideias criadas

CERTIFICADO DE REGISTRO DE DIREITO AUTORAL

A Câmara Brasileira do Livro certifica que a obra intelectual descrita abaixo, encontra-se registrada nos termos e normas legais da Lei nº 9.610/1998 dos Direitos Autorais do Brasil. Conforme determinação legal, a obra aqui registrada não pode ser plagiada, utilizada, reproduzida ou divulgada sem a autorização de seu(s) autor(es).

Responsável pela Solicitação:
Editora Leader

Participante(s):
Vânia Schütz (Coordenador) | Andréia Roma (Coordenador)

Título:
Mulheres no direito empresarial : uma aula prática de renomadas líderes : edição poder de uma mentoria

Data do Registro:
24/04/2024 10:10:50

Hash da transação:
0x5e3c80c1ef701bcdeff5c6499f4a9047986ed1ff2ae89940b713e2b581837f91

Hash do documento:
1360622293f36b39bd904d8bdc31ce82d815b763396904dd637e143e067ac80f

Compartilhe nas redes sociais

clique para acessar a versão online

Os livros coletivos nesta
linha de histórias e
mentorias são um conceito
criado pela Editora Leader,
com propriedade intelectual
registrada e publicada,
desta forma é proibida
a reprodução e cópia
para criação de outros
livros, a qualquer título,
lembrando que o nome do
livro é simplesmente um dos
requisitos que representam
o projeto como um todo,
sendo este garantido como
propriedade intelectual nos
moldes da LEI Nº 9.279, DE
14 DE MAIO DE 1996.

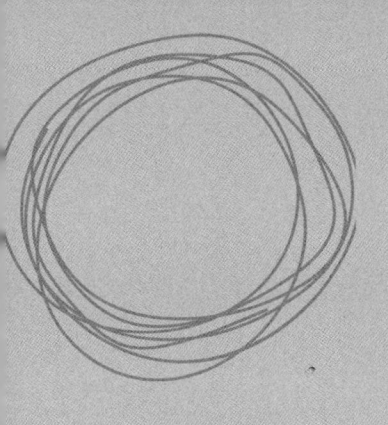

Exclusividade:

A Editora Leader tem como viés a exclusividade de livros publicados com volumes em todas as temáticas apresentadas, trabalhamos a área dentro de cada setor e segmento com roteiros personalizados para cada especificidade apresentada.

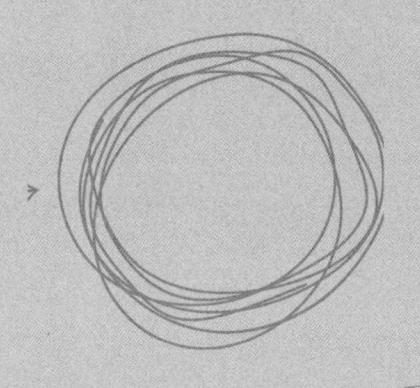

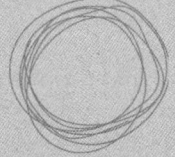

"Livros não mudam o mundo, quem muda o mundo são as pessoas. Os livros só mudam as pessoas."

Mário Quintana

"Somos o resultado dos livros que lemos, das viagens que fazemos e das pessoas que amamos".

Airton Ortiz

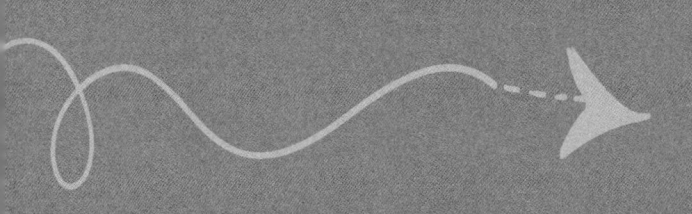

Olá, sou **Andréia Roma**, CEO da Editora Leader e Influenciadora Editorial.

Vamos transformar seus talentos e habilidades em uma aula prática.

Benefícios do apoio ao Selo Série Mulheres

Ao apoiar livros que fazem parte do Selo Editorial Série Mulheres, uma empresa pode obter vários benefícios, incluindo:

- **Fortalecimento da imagem de marca:** ao associar sua marca a iniciativas que promovem a equidade de gênero e a inclusão, a empresa demonstra seu compromisso com valores sociais e a responsabilidade corporativa. Isso pode melhorar a percepção do público em relação à empresa e fortalecer sua imagem de marca.

- **Diferenciação competitiva:** ao apoiar um projeto editorial exclusivo como o Selo Editorial Série Mulheres, a empresa se destaca de seus concorrentes, demonstrando seu compromisso em amplificar vozes femininas e promover a diversidade. Isso pode ajudar a empresa a se posicionar como líder e referência em sua indústria.

- **Acesso a um público engajado:** o Selo Editorial Série Mulheres já possui uma base de leitores e seguidores engajados que valoriza histórias e casos de mulheres. Ao patrocinar esses livros, a empresa tem a oportunidade de se conectar com esse público e aumentar seu alcance, ganhando visibilidade entre os apoiadores do projeto.

– **Impacto social positivo:** o patrocínio de livros que promovem a equidade de gênero e contam histórias inspiradoras de mulheres permite que a empresa faça parte de um movimento de mudança social positivo. Isso pode gerar um senso de propósito e orgulho entre os colaboradores e criar um impacto tangível na sociedade.

– *Networking* **e parcerias:** o envolvimento com o Selo Editorial Série Mulheres pode abrir portas para colaborações e parcerias com outras organizações e líderes que também apoiam a equidade de gênero. Isso pode criar oportunidades de *networking* valiosas e potencializar os esforços da empresa em direção à sustentabilidade e responsabilidade social.

É importante ressaltar que os benefícios podem variar de acordo com a estratégia e o público-alvo da empresa. Cada organização deve avaliar como o patrocínio desses livros se alinha aos seus valores, objetivos e necessidades específicas.

FAÇA PARTE DESTA HISTÓRIA
INSCREVA-SE

INICIAMOS UMA AÇÃO CHAMADA

MINHA EMPRESA ESTÁ COMPROMETIDA COM A CAUSA!

Nesta iniciativa escolhemos de cinco a dez empresas para apoiar esta causa.

SABIA QUE SUA EMPRESA PODE SER PATROCINADORA DA SÉRIE MULHERES, UMA COLEÇÃO INÉDITA DE LIVROS DIRECIONADOS A VÁRIAS ÁREAS E PROFISSÕES?

Uma organização que investe na diversidade, equidade e inclusão olha para o futuro e pratica no agora.

Para mais informações de como ser um patrocinador de um dos livros da Série Mulheres escreva para: **contato@editoraleader.com.br**

ou

Acesse o link e preencha sua ficha de inscrição

ANOTAÇÕES

EDITORA LEADER